심플을
생각한다

SIMPLE NI KANGAERU

by Akira Morikawa

Copyright © 2015 Akira Morikawa
Photographer: Tomoaki Sakaki
Korean translation copyright © 2015 by Dasan Books Co., Ltd.
All rights reserved.
Original Japanese language edition published by Diamond, Inc.
Korean translation rights arranged with Diamond, Inc.
through The English Agency (Japan) Ltd. And Danny Hong Agency.

이 책의 한국어판 저작권은 대니홍 에이전시를 통한 저작권사와의 독점 계약으로 (주)다산북스에 있습니다.
저작권법에 의해 한국 내에서 보호를 받는 저작물이므로 무단 전재와 복제를 금합니다.

심플을
생각한다

모리카와 아키라
Morikawa Akira

한국어판 서문

안녕하세요. 모리카와 아키라(森川亮)입니다.

2015년 3월에 라인 주식회사 CEO를 퇴임하여 지금은 동영상 서비스를 제공하는 C채널(C CHANNEL)을 세계적인 미디어로 성장시키기 위해 최선을 다하고 있습니다.

저는 니혼텔레비전과 소니라는 일본 기업을 거쳐 한게임과 네이버 등 한국계 기업에서 경력을 쌓았습니다. 한국에는 친구들도 많이 있습니다. 그래서 『심플을 생각한다』라는 첫 책이 한국어판으로 출판되어 진심으로 기쁘게 생각합니다. 부디 많은 분들이 읽고, 함께 유망한 미래 비즈니스를 만들어가기 바랍니다.

이 책은 저의 비즈니스 '마인드'를 정리한 것입니다.

물론 이 내용은 저의 독자적인 '마인드'만이 아니라, 많은 사람들의 도움으로 완성되었습니다. 특히 함께 일한 한국 동료들에게서 정말 많이 배웠습니다.

그중 인상적인 것이 '변화'에 대한 유연성입니다. 섬나라인 일본은 역사적으로 커다란 변화를 경험하지 못한 탓인지, 대다수가 '변화'를 싫어하는 경향이 있습니다. 한국인들은 그와 좋은 대조를 이룹니다.

한게임 재팬에 입사했을 당시에는 깜짝 놀랐습니다. 한국인 사장이 한 번 결정한 일을 자꾸 바꾸었기 때문입니다. 원래 일본인들은 한 번 결정한 일은 신념을 가지고 끝까지 해내는 것을 미덕으로 여기기 때문에, 처음에는 솔직히 대표의 방침이 자꾸만 바뀌는 것 자체가 스트레스였습니다.

그런데 오래지 않아 깨달았습니다. 잦은 번복은 신념의 '유무' 문제가 아니라 오로지 진지하게 생각해온 결과라는 것을 말입니다. '더 좋은 아이디어가 나오면 자신의 의견을 바꾸기를 두려워하지 않는다. 그리고 항상 환경 변화에 집중해서 작은 변화라도 적응하려고 노력한다.' 그것은 비즈니스맨으로서 아주 진지한 자세입니다. 오히려 '신념'이라는 그럴듯한 명목을 내세워 '일단 결정했으니까'라는 이유로 생각을 멈춘다면 오히려 더 큰 문제입니다.

그때의 깨달음이 이 책에서 중요한 테마가 되었습니다. 변화가 격렬한 인터넷 비즈니스의 세계에서 라인 서비스를 전 세계에 공개할 수 있었던 것은 한국 분들에게서 '변화'를 마주하는 방법을 배웠기 때문입니다.

하지만 한국 기업은 일본 기업들과 마찬가지로 상의하달 경향이 강한 듯합니다. 이는 양날의 검이 아닐까요? 물론 강한 리더십을 바탕으로 똘똘 뭉쳐 해외에서 성공을 거둔 기업이 탄생할 수 있습니다. 하지만 소수의 재벌 기업 중에는 상의하달 경향이 너무 강하기 때문에 젊은이들이 '일하기 힘들다', '능력을 발휘하기 어렵다'라고 느끼는 부분도 있는 듯합니다.

참으로 안타까운 일입니다. 한국에는 우수한 젊은이들이 많기 때문에 그들의 능력을 잘 활용해야 합니다. 게다가 현대는 고객들의 니즈가 세분화되어 있습니다. 젊은 사원들을 '통제'하기보다는 고객들과 가까운 그들의 능력을 활용하는 편이 큰 도움이 될 것입니다.

그래서 라인 주식회사에서는 의욕과 능력이 있는 젊은이들이 주도권을 쥘 수 있는 경영관리에 힘써왔습니다. 라인을 성공으로 이끈 가장 큰 원동력입니다. 이 책의 "'높은 사람'은 필요 없다", "'통제'는 필요 없다" 등의 항목에 그 본질을 정리했습니다. 도약을 위한 힌트가 되었으면 합니다.

지위나 명예, 돈에 집착하지 않는다.
심플하게 '좋은 것'을 만드는 데 집중한다.
이것이 바로 성공에 다가가는 방법이다.

제가 이 책에서 전하고 싶은 가장 중요한 핵심입니다. 그리고 한국에는 젊은이들을 중심으로 이와 같은 마인드를 가진 사람들이 많이 있습니다. 그분들과 힘을 합쳐서 아시아발(發) 혁신을 일으킬 수 있기를 바랍니다. 대단하지는 않지만, 제가 쓴 이 책이 그 계기가 되면 아주 기쁘겠습니다.

2015년 11월

모리카와 아키라(森川亮)

시작하며

회사는 무엇이 가장 중요할까?

이익? 사원들의 행복? 브랜드? 전략? 비즈니스 모델?

나는 아니라고 본다.

물론 모두 중요하다. 그런데 가장 중요하지는 않다. 그렇다면 무엇이 가장 중요할까?

내 대답은 심플하다.

대박 상품을 계속 만드는 것. 이것밖에 없다.

대박 상품을 계속 만드는 회사가 성장하고, 대박 상품을 더는 만들지 못하는 회사가 망한다. 동서고금을 막론하고 이 심플한 법칙이 비즈니스 세계를 지배하고 있다. '이익', '사원들의 행복', '브랜드'도 모두 대박 상품이 터진 결과로 나온다. 대박 상품이 없으면 그럴듯한 '전략'이나 '비즈니스 모델'도 그림의 떡에 불과하다. 따라서 비즈니스의 본질은 '고객이 정말 원하는 것을 계속 제공하는 것', 그것 이외에는 없다.

그렇다면 어떻게 해야 할까?

이 또한 심플하다.

고객의 니즈에 부응하고자 하는 열정과 능력을 지닌 사원들을 모은다. 그리고 그들이 무엇에도 속박되지 않고 능력을 최대한으로 발휘할 수 있는 환경을 만든다. 그것 이외에는 없다.

그러기 위해서 필요한 일만 하고, 필요 없는 일은 모두 버린다.

그것이 내가 해온 전부다.

"심플하게 생각하라"

내 신조다.

더는 쓸데없이 고민하기를 그만두었다고 바꿔 말할 수도 있다.

고민이란 막연히 '이것도 중요하고, 저것도 중요하다'며 망설이는 것이다. 결국은 아무 결정도 내리지 못하고 행동으로 옮기지도 못한다. 또는 '이것도, 저것도' 하면서 힘을 분산시킨다. 결국 사람은 한 번에 한 가지밖에 못한다. 결과를 내려면 한 가지 일에 온 힘을 집중시켜야 한다. 고민하고 있을 시간이 없다.

중요한 것은 '생각'이다.

사람들은 누구나 '표면적인 가치'에 현혹되어 있기 때문이다. 그래서 '무엇이 본질인가?'를 철저하게 생각해야 한다. 그렇게 가장 소중한 것을 찾아내고 나머지는 모두 버린다. 심플하게 생각하지 않는다면 아무것도 해낼 수 없을 것이다.

회사도 마찬가지다.

'표면적인 가치'를 '본질'과 착각하는 어리석음을 범해서는 안 되고, 인재, 자금, 시간 등의 한정된 자원을 '이것도 중요하고, 저것도 중요하다'라면서 분산시켜서는 안 된다. '고객의 니즈에 부응한다'는 '본질'에 온 힘을 집중시킨다. 비즈니스를 성공시키는 유일한 방법이다.

그래서 나는 라인(LINE) 주식회사 사장으로 취임했을 때, 한 가지를 결심했다.

'나이, 직장 경력, 직무와 상관없이 고객의 니즈에 부응할 수 있는 열정과 능력을 지닌 사람이 주도권을 잡는다. 그리고 품질 높은 상품을 가장 빨리 생산한다. 규칙은 이것 하나뿐이다.'

그리고 거기에 알맞은 환경을 조성하는 데 방해가 되는 생각을 내 안에서 철저하게 배제했다. 예전에 MBA에서 배우고 경영서적에서 읽은 내용과 상식에 얽매이지 않고 몸소 시행착오를 반복하면서 오로지 '실질'만을 추구했다. 그 결과 다음과 같은 방침이 확립되었다.

'싸우지 않는다.'
'비전은 필요 없다.'
'계획은 필요 없다.'
'정보 공유는 하지 않는다.'

'높은 사람은 필요 없다.'
'동기부여를 향상시키지 않는다.'
'성공은 버린다.'
'차별화는 노리지 않는다.'
'혁신은 지향하지 않는다.'
'경영은 관리가 아니다.'

놀라는 사람도 있을 것이다.

모두 기존 상식에 어긋나는 일들이다.

그런데 이 방침은 라인을 만들어낸 팀에서 지금도 실제로 실천하고 있는 내용들이다. 그렇기 때문에 그들은 라인을 단기간에 세계 수억 명의 유저들이 이용하는 글로벌 서비스로 키울 수 있었다.

나는 2015년 3월 31일자로 라인 주식회사 사장 자리에서 물러났다.

니혼텔레비전방송망(日本テレビ放送網) 주식회사와 소니를 거쳐서 라인 주식회사의 전신이 되는 한게임 재팬 주

식회사에 입사했을 때가 2003년이다. 당시에는 사원수가 약 30여 명 정도 되는 적자 회사였다. 36세에 평사원, 연봉도 절반으로 줄어드는 이직이었지만, 창설된 지 약 3년밖에 안 된 '젊은 회사'였기에 한게임 재팬 주식회사에는 대기업에서 흔히 보이는 사내의 구속이 없었다. 그래서 오직 '지금 세상이 원하는 것', '새로운 것'을 자유롭게 추구할 수 있을 거라 생각했다.

우리에게는 자금력, 브랜드력도 없었고, 오로지 '열정'과 '지혜'뿐이었다. 동료들과 일에 매달렸던 일들이 지금은 추억으로 남아 있다.

그리고 12년이라는 세월이 흘렀다.

그동안 수많은 실패를 겪었다.

애써 낙천적인 양 행동했지만, 솔직히 불안해서 잠 못 드는 밤도 있었다. 뜻대로 되지 않아서 부하 직원과 함께 소리 내어 울기도 했다.

그런데 실패에서 정말 많은 것들을 배울 수 있었다. 아니, '왜 실패했는가?'를 철저하게 생각했기 때문에 비즈니스의 '본질'에 다가설 수 있었다. 그리고 포기하지 않고 한 걸음씩 내디딘 결과, 여기까지 도달할 수 있었다. 지난 12년의 경험은 내 평생의 재산이다.

 사장직 퇴임을 계기로 지난 인생에서 경험하고 배우며 생각한 일들을 한 명이라도 더 많은 직장인들과 나누고 싶다는 생각에서 이 책을 썼다. 일을 잘해서 비즈니스에서 성공하려면 무엇이 가장 중요한지 나름대로 심플하게 생각하고 실행해온 일들의 기록이기도 하다. 미래에 불안을 느끼는 젊은 분들부터 회사의 미래를 걱정하는 분들까지 조금은 참고가 되리라고 생각했다.
 물론 나도 아직 많이 부족한 몸이다. 비판이나 의견을 주면 감사하겠다. 많은 사람들과 본질적인 논의를 더 깊이 함으로써 세계의 경제 발전에 조금이나마 공헌할 수 있다면 기대 이상의 기쁨이 될 것이다.

차 례

시작하며 5

비즈니스는 '싸움'이 아니다

01 '열정'이야말로 성공의 조건이다 20
- 사명감을 가지고 고객을 위해서 최선을 다한다

02 비즈니스에서 심플한 본질이란? 26
- '원하는 사람'과 '제공하는 사람'의 생태계

03 비즈니스는 '싸움'이 아니다 31
- 경쟁 상대가 아니라 고객만 본다

04 경영은 '관리'가 아니다 37
- 자유야말로 혁신의 근원

05 '돈'을 중심으로 생각하지 않는다 43
- 가치를 창출하는 데 집중한다

06 회사는 '사람'이 전부다 48
- '굉장한 사람'이 '굉장한 사람'을 끌어당긴다

제2장

자신의 '감성'으로 살아간다

07 일은 스스로 찾는다 56
- '하고 싶은 일'을 한다

08 '돈'과 '명예'를 추구하지 않는다 62
- 항상 성장을 실감할 수 있는 곳에서 일한다

09 일은 당연히 힘든 것이다 68
- 성과가 나왔을 때의 '행복'을 아는 사람이 프로다

10 자신의 '감성'으로 살아간다 74
- 회사나 상사에게 자신을 맞추지 않는다

11 '눈치'를 보지 않는다 80
- 회사의 비판보다 고객을 더 두려워한다

12 '전문가'가 되지 않는다 86
- 본질에서 벗어난 노력은 하지 않는다

13 '아무것도 없기' 때문에 단련할 수 있다 92
- 자원이 부족하기 때문에 사람은 생각한다

14 '확신'이 들 때까지 철저히 생각한다 98
- 철저한 생각 끝에 한 실패는 성공의 원천이 된다

15 '불안'을 즐긴다 104
- 미래가 불확실하기 때문에 가능성은 무한하다

'성공'은 버린다

16 회사를 '동물원'으로 만들지 않는다 112
- 성과를 낸 사람이 대가를 받는 회사로 만든다

17 '성공'은 버린다 117
- 자신의 시장가치를 높이는 유일한 방법

18 '솔직'하게 말한다 123
- 모호한 표현이 일을 망친다

19 우수한 사람일수록 '싸움'을 하지 않는다 129
- '승패'에 얽매이는 사람은 무익한 사람

20 '인사평가'는 심플함이 최고다 135
- 복잡하게 할수록 불만이 커진다

21 회사는 '학교'가 아니다 140
- '주체성'을 교육하는 것은 불가능하다

22 '동기부여'를 향상시키지 않는다 145
- 의욕 없는 사람은 프로 실격

제4장

'높은 사람'은 필요 없다

23 '높은 사람'은 필요 없다　152
- 진정한 리더는 자신의 꿈으로 사람을 움직인다

24 '통제'는 필요 없다　158
- 현장이야말로 최고의 의사결정자

25 비즈니스에 '정'은 필요 없다　163
- '호의에 기대는 구조'를 만들지 않는다

26 '경영이념'은 명문화하지 않는다　169
- 형식화된 이념이 회사를 망친다

27 '비전'은 필요 없다　174
- 미래를 예측하기보다 눈앞의 일에 집중한다

28 '전략'은 심플해야 한다　179
- 이해하기 어려운 메시지는 현장에 혼란을 가져온다

29 지키면 공격하지 못한다　184
- 마음먹고 '과거의 성공'을 버린다

쓸데한 일은 모두 그만둔다

30 '계획'은 필요 없다 192
　- 계획이 있기에 변화에 약해진다

31 '사무직'은 필요 없다 198
　- 계획하는 사람과 실행하는 사람을 나누지 않는다

32 '구조'로는 성공하지 못한다 203
　- 매뉴얼이 창의성을 망친다

33 '규칙'은 필요 없다 208
　- 속도를 방해하는 것은 모두 버린다

34 '회의'는 하지 않는다 214
　- 회의를 늘리는 '사람'을 배제한다

35 '정보 공유'는 하지 않는다 219
　- 쓸데없는 정보를 알면 쓸데없는 생각을 할 뿐이다

혁신을 지향하지 않는다

36 '차별화'는 노리지 않는다   226
- 고객은 '차이'가 아니라 '가치'를 추구한다

37 '혁신'을 지향하지 않는다   231
- 눈앞의 니즈에 우직하게 대응한다

38 '품질×속도'를 최대화한다   237
- 만드는 사람의 자기만족을 떨쳐버린다

39 '디자인'이 주도한다   243
- 고객들이 사용하기 편한지를 최우선으로 한다

40 고객은 '답'을 알려주지 않는다   249
- 고객의 목소리를 파고들어서 자신의 머리로 생각한다

마치며   255

심플을 생각한다

제1장
비즈니스는 '싸움'이 아니다

01

'열정'이야말로
성공의 조건이다

사명감을 가지고 고객을 위해서 최선을 다한다

잊을 수 없는 광경이 있다.

2011년 3월 말…….

동일본 대지진 직후, 사원들의 안전이 최우선이었기 때문에 도쿄 사무실을 폐쇄하기로 결정했다. 우리 경영진들은 후쿠오카(福岡) 사무실에서 업무를 보는 한편, 사원들의 안부를 계속 확인했다. 대지진의 혼란이 조금씩 진정되던 2주 뒤, 업무를 재개할 생각으로 도쿄 사무실을 다시 열었을 때의 일이다.

솔직히 나는 걱정하고 있었다. 대지진 뒤, 모두 지쳐 있을 것 같았기 때문이다. 그런데 완전히 내 기우였다. 모두 기다렸다는 듯이 엄청난 집중력으로 업무를 시작했다. 나는 그 모습에 눈이 휘둥그레졌다.

그중 라인 프로젝트를 담당하는 사람들이 있었다. 2010년 말, "스마트폰에 특화된 서비스를 개발하자"는 계획에 따라 사내에서 선발된 소수정예 팀이다. 그들은 시장 조사를 바탕으로 '스마트폰 유저들이 원하는 서비스는 무엇인가?'에 대해 검토를 거듭한 끝에 '게임', '사진 공유', '커뮤니케이션'이라는 세 가지 테마를 엄선했다. 그중에서 하나를 선택해서 프로젝트에 착수하려던 참이었다.

그런데 대지진이 발생했다. 그들은 자신들이 직접 겪은 대지진 경험을 바탕으로 한층 심도 있는 논의와 분석을 해나갔다. 그리고 지금 요구되는 서비스는 '폐쇄형 커뮤니케이션(closed communication, 목적, 의도, 상대, 장소 등이 명확한 커뮤니케이션)'이라고 확신했다. 그리고 후에 '라인'이라고 이름 지어질 스마트폰 메시지 어플 개발에 착수했다.

대지진 뒤, 분명 그들은 가족이나 친척, 친구들의 안부를 확인하기 위해 몹시 애를 썼을 터였다. 전화, 문자, SNS……. 모든 수단을 동원해서 연락을 취하려고 했다. 그리고 인터넷을 잘 아는 일부 유저들뿐 아니라 모든 사람이 '누구나 사용할 수 있는 더 편리한 메시지 서비스가 필요하다'고 절실하게 느꼈음이 틀림없다.

그렇기 때문에 세상이 원하는 서비스를 명확하게 상상할 수 있었다. '일분일초라도 빨리 그 생각을 형태로 만들어서 유저들에게 제공해야…….' 이런 강한 사명감이 그들을 빨리 움직이게 했을 것이다. 멤버들 대부분은 집에 돌아가지 않고 일을 했던 듯싶다. 지금 생각하면 그때의 '열정'이 그대로 전해져 라인을 성공으로 이끌었다고 본다.

나는 그들의 방침과 비전에는 일절 관여하지 않았다.
아무 의미가 없기 때문이다.
사장인 내가 할 일은 나보다 그 분야를 잘 아는 사람을 선정해서 일을 맡기는 것이다. 그 사람이 리더가 되어 필요한 멤버들을 모아 최선을 다해 개발한다. 거기에 내가 무슨 말을 해도 방해가 될 뿐이다.

말하자면 그들은 축구 경기장에서 공을 패스하며 골대를 향해 전속력으로 달리는 공격수다. 경기장 밖에서 내가 "우측 발로 차라", "지금 슛" 하고 지시를 내리는 일에 의미가 있을까? 선수는 그런 목소리는 듣지 않고 있고, 오히려 들어서는 안 된다. 그 순간에 경기의 흐름이 끊겨버리기 때문이다.

골을 넣기 전의 판단은 전적으로 선수 개개인의 '동물적인 직감'에 의존한다. 한순간 상대가 방심한 틈을 타서 공을 날린다. 공격수는 그 순간을 위해 감각을 잘 연마해야 한다. 괜한 잡음으로 방해를 해서는 안 된다.

내가 할 일은 그들의 방해물을 제거하는 것이다. 그리고 그들이 필요로 하는 것을 준비해둔다. 그들의 '열정'을 지키는 일이야말로 나의 가장 큰 사명이다.

내 이상은 심플하다.

현장은 오직 고객들을 위해서 온 힘을 다한다.

경영진은 현장이 업무에 철저하게 집중할 수 있는 환경을 지킨다.

내가 오랫동안 그려온 이상이다. 그 이상적인 상태에서 라인이 탄생했다.

02

비즈니스에서
심플한 본질이란?

'원하는 사람'과 '제공하는 사람'의 생태계

지금 세계는 격변하고 있다.

엄청난 속도로 기술혁신이 진행되고, 비즈니스 환경은 어지러울 정도로 변화하고 있다. 예기치 못한 혁신으로 그동안 승승장구하던 비즈니스가 뒤집어지는 일도 드물지가 않다. 지금 하는 일이 5년 뒤, 10년 뒤에 존재할지조차 알 수 없다. 우리는 그런 시대를 살고 있다.

미래가 보이지 않는다…….

앞으로 어떻게 될까……?

누구나 그런 불안감을 품고 있지 않을까?

물론 나라고 별반 다르지 않다.

특히 변화가 격렬한 인터넷 업계에 몸담고 있는 사람에게는 3개월 뒤도 불확실한 미래다. 그래서 사업이 뜻대로 안 되던 시기는 물론이거니와 라인이 대박난 뒤에도 '내일 무슨 일이 있을지 모른다……'는 불안감이 가슴 한구석에서 떠난 적이 없었다. 나뿐 아니라 많은 사원들도 마찬가지였다.

하지만 나는 불안감을 억지로 지우려고 하지 않는다.

실제로 내일 무슨 일이 있을지 모르는 상황에서 불안감을 지우려고 아무리 노력해도 지워지지 않는다. 그보다 '그게 현실이야', '그게 자연스러운 거야' 하고 받아들이는 자세가 중요하다. 왜냐하면 불안할수록 나름대로 앞날을 내다보려는 노력을 해서 어떤 변화가 감지될 때 재빨리 대응할 수 있게끔 준비를 하기 때문이다. 바로 불안감이 갖는 효능이다.

오히려 위험한 것은 막연하게 안심감을 추구하는 것이 아닐까?

대기업에 취직하면 평생 안심할 수 있다.

높은 사람의 말을 따르면 괜찮다.

출세하면 안전하다…….

그러한 삶만큼 위험한 것은 없다.

왜냐하면 비즈니스의 본질에서 어긋나 있기 때문이다.

비즈니스란 무엇일까?

아주 심플하다.

원하는 사람과 제공하는 사람의 생태계…….

이것이 바로 비즈니스의 본질이다.

배가 고픈 사람에게 맛있는 요리를 내준다.

추운 겨울날에 따뜻한 옷을 내민다.

심심해하는 사람에게 간단한 게임을 제공한다.

무엇이든 괜찮다. 사람들이 원하는 것을 제공할 수 있는 사람은 어떤 시대든 살아갈 수 있다. 그것이 비즈니스의 단 한 가지 원칙이다.

사람들이 진정 원하는 것을 알아차리는 능력과 그것을

구체적인 형태로 만드는 기술을 계속 연마하는 것. 그리고 사람들이 원하는 것이 바뀌었을 때에는 그 사실을 재빨리 알아채서 새로운 것을 제공하는 것. 불안감에서 벗어나려면 오직 그것에 집중하는 방법밖에 없다.

굴지의 대기업에 근무하면, 높은 사람을 따르면, 출세하면…….

그처럼 막연한 안심감에 매달려 있으면 언젠가 생태계에서 퇴출된다. 그것이 자연의 섭리가 아닐까?

03

비즈니스는
'싸움'이 아니다

경쟁 상대가 아니라 고객만 본다

음악은 내 인생에 가장 커다란 영향을 주었다.

음악과 만날 기회를 만들어준 사람은 어머니였다. 초등학생 시절에 나는 야구팀에서 활동했지만, 사실 운동을 별로 좋아하지 않았다. '하고 싶지 않다'는 생각을 하고 있던 와중에 어머니가 나 대신 합창단 오디션에 신청을 했다. 아마 내가 집에서 노래하는 소리를 듣고 '얘가 노래를 잘 하는구나' 하고 생각하신 듯하다. 내가 자신감을 갖기를 바랐는지도 모른다.

그 무렵, 나는 건강이 좋지 않았다. 아토피 피부염이 심해서 온몸이 습진투성이였다. 한때는 머리에 붕대를 감고 등교를 했다. 그런 나에게 한 친구는 '미라 소년'이라는 별명을 붙였다. '난 분명 평생 미라 소년으로 살게 될 거야……' 하며 괴로운 나날을 보내고 있었다. 어머니는 그런 내 마음을 헤아리고 나만의 장기를 찾아주려고 했던 것 같다.

 어머니가 접수해놓은 오디션을 봤는데, 운 좋게 합격했다. 합창단에서 본격적인 연습을 하며 다양한 대회와 행사 등에 출전하게 되었다. 텔레비전에 출연해서 당시 최고의 인기를 누리던 핑크레이디(1970년대 후반에 활약한 일본의 여성 듀오 아이돌)의 백코러스를 한 적도 있다.
 차츰 음악에 빠져들었다. 음악은 운동과 달리 누군가와 싸울 필요가 없다. 열심히 연습해서 청중들이 즐거워하면 모두 행복해진다. 나도 기운이 난다. 그래서 더 음악이 좋아졌다.
 나는 음악을 계속했다. 변성기를 기점으로는 드럼에 전념했다. 중고교 시절에는 밴드 활동을 했고, 대학 시절에는 프로 재즈 드러머가 되기 위해서 죽도록 연습을 했다. 비즈니스맨이 된 뒤에도 시간을 내서 드럼을 치고, 친구들과 연주를 즐겼다. 그러면서 나는 음악의 영향을 크게 받았다.

비즈니스의 본질도 음악과 유사하지 않을까?

나는 그렇게 생각한다. 비유를 해보면 회사는 밴드와도 같다. 노래를 잘 부르는 사람, 기타를 잘 치는 사람, 피아노를 잘 치는 사람……. 다양한 파트를 담당하는 '뛰어난 사람들'이 모여서 좋은 음악을 연주하기 위해 힘을 합친다. 근사한 연주를 하면 멤버들도 즐겁다. 청중들(고객들)도 기뻐한다. 모두가 행복해지는 것이다.

근사한 음악을 연주하려면 '청중들은 어떤 음악을 원할까?', '그러려면 어떤 연주를 해야 할까?'라는 물음에 마주할 필요가 있다. 멤버들끼리 싸우는 일에는 아무 의미가 없고, 다른 밴드와 싸우는 일에도 아무 의미가 없다. 각자 자기가 담당한 악기의 연주 실력을 닦고, 아름다운 하모니를 연주하면 반드시 청중들도 기뻐한다. 그것이 음악이다.

　물론 현실의 비즈니스에서는 싸움을 피할 수 없다.
　타사가 우수한 상품을 만들면 살아남기 위해서는 그보다 나은 상품을 생산해야 하고, 타사의 개발 속도에 추월당하면 열세에 서게 된다. 이 자체가 경쟁이며 싸움이기도 하다. 하지만 비즈니스의 본질은 아니다.
　오히려 그것을 본질이라고 오해하면 길을 잘못 들어서게 될 것이다. 시선이 고객에게서 멀어지기 때문이다.
　'경쟁사에게서 시장점유율을 빼앗아라', '경쟁사보다 가격을 낮춰라', '경쟁사보다 이익률을 높여라'……. 이런 싸움에만 정신을 빼앗기면 고객보다 경쟁 상대에게 관심이 향한다. 경쟁 상대를 이기는 일이 목표가 된다. 하지만 고객들에게는 아무런 상관이 없는 일이다. 고객들은 그저 '근사한 음악'이 듣고 싶을 뿐이다.

　비즈니스는 싸움이 아니다.

싸움보다는 심플하게 고객만을 생각한다. 그리고 '고객이 정말 원하는 것'을 창출하는 일에 집중한다. 그 결과, 승리를 거두게 되는 것이다.

04

경영은
'관리'가 아니다

자유야말로 혁신의 근원

혁신이 일어나지 않는다…….

이것이 일본 경제의 가장 큰 과제다.

그래서 많은 회사들이 혁신을 일으키기 위해 다양한 방법들을 내놓고 있다. 하지만 좀처럼 눈에 띄는 성과는 나타나지 않는 상태. '피리를 불어도 춤추지 않는다'며 한탄하는 경영자들도 있다.

이유가 뭘까?

경영 본연의 모습에 문제가 있기 때문이다.

'경영은 관리다.'

바로 이 고정관념이 혁신을 가로막고 있다. 즉, 근본적인 문제는 경영이 사원들의 활동을 일일이 관리하려고 하기 때문에 사원들의 강점을 완전히 살리지 못하고 있는 것이다.

전후의 일본 기업은 고도의 '경영관리'로 커다란 성과를 창출했다. 이는 대량생산, 대량소비가 가능한 세상이었기 때문에 순조롭게 기능할 수 있었다. 앞사람들이 만든 상품을 다듬어서 철저한 품질관리와 공정관리하에 품질 좋은 상품을 계속 생산한다. 그러한 세계에서는 관리가 중요하다.

그런데 시대가 변화했다. 혁신이 중요해진 지금, '경영은 관리'라는 발상을 버려야 할 필요가 있다. 더 이상 유효하지 않은 것이다.

그렇다면 혁신에는 무엇이 필요할까?

나는 그 대답을 '과거의 소니'에서 찾아냈다.

소니는 수많은 혁신을 창출해온 회사다. 혁신이 가능했던 가장 큰 이유로는 '자유'를 들 수 있다. 소니는 우수한 엔지니어들이 비는 시간에 관심이 가는 기술을 자유롭게 개발할 수 있게 했다. 엔지니어들은 회사의 자원으로 마음껏 연구를 할 수 있다. 워크맨 기술도 그렇게 탄생했다.

그뿐만이 아니다. 엔지니어들 스스로가 보기에 '이거다!' 싶은 기술을 개발하면 다양한 부서와 그룹 계열사에 가서 프레젠테이션을 할 수 있다. 그렇게 의기투합하여 상품화가 결정되면 본인이 직접 그 부서로 이동하거나, 회사를 새로 세우기도 하면서 새로운 상품이나 서비스를 자유롭게 창출해왔다.

그 구조에는 '관리'가 없다. 우수한 사원들이 자유롭게 활동하고 공감을 바탕으로 서로 연대하는 훌륭한 생태계다. 이 생태계야말로 혁신의 근원이다.

라인 주식회사에도 그러한 생태계가 존재한다.

운동으로 비유하면, '야구형(型)'보다는 '축구형' 조직 체제다.

야구는 관리의 운동이다. 타순이 정해져 있어서 스스로가 자신이 몇 번째에 치는지 알고 있다. 포지션도 고정되어 있어서 투수가 포수 역할을 하는 일은 없다. 그리고 공 하나마다 감독이 사인을 보내서 선수들에게 지시를 내린다. 감독의 지휘가 경기 전반에 미치는 영향이 아주 큰 운동이다.

한편, 축구는 유동성이 아주 높은 운동이다. 포지션은 정해져 있지만 상황에 따라서 얼마든지 바뀐다. 경우에 따라서는 골키퍼가 슛을 노려도 된다. 더구나 감독은 경기를 적극적으로 컨트롤할 수 없다. 매 순간 판단은 모두 선수들이 맡고 있다. 경기는 선수 개개인의 기술과 같은 팀 선수 간의 연계동작으로 좌우된다. 즉, 그들 사이에서 양호한 생태계가 기능하고 있는지의 여부가 중요하다.

혁신을 창출하는 것은 사람이지, 시스템이 아니다.

사원들을 체계적으로 관리하려고 할수록 혁신에서 멀어진다. 반대로 그들이 활기차게 일을 할 수 있는 생태계를 창출했을 때, 비로소 혁신의 가능성이 생겨난다. 따라서 지금 해야 할 일은 심플하다. '경영은 관리'라는 고정관념을 버린다. 이것이 바로 혁신을 향한 첫걸음이다.

05

'돈'을
중심으로 생각하지 않는다

가치를 창출하는 데 집중한다

회사는 무엇을 위해 있는가?

내 대답은 심플하다.

회사는 세상에 가치를 제공하기 위해 존재한다. 이것이 전부다.

물론 이익도 중요하다. 이익이 나지 않으면 회사를 존속시킬 수 없다. 그런데 이익의 유무는 결과론에 불과하다. 가치를 제공하면 그 결과로 이익은 자연히 따라온다.

오히려 이익이 비즈니스의 목적이 되면 위험하다. 기업에서 돈벌이를 우선시하기 시작하면 고객은 그 변화를 반드시 알아차린다. '아, 뭔가 다른 스위치가 들어왔구나' 하고 느낀다. 고객들은 기업이 대가에 상응하는 가치를 제공하는 동안은 그나마 지지하지만, 돈벌이를 우선시한다는 사실을 알면 바로 떠난다. 인터넷 업계에서는 특히 그렇게 쇠퇴한 기업들이 많이 있다.

기업이 오래도록 살아남은 것은 고객들이 가치를 납득하고 돈을 지불했기 때문이다. 그래서 이익보다 가치 창출에 집중해야 한다. 고객들의 만족감을 높이는 데 주력할 필요가 있다. 그리고 고객과 기업이 모두 기뻐할 수 있는 생태계를 만들어야 한다.

나는 돈을 중심으로 사물을 생각하지 않는다.

예를 들면 아웃소싱이 있다. 아웃소싱을 하면 비용 절감이 가능하다. 하지만 나의 경우 어지간히 신뢰할 수 있는 회사가 아니라면 아웃소싱은 최대한 피해왔다.

물론 노하우가 유출될 위험도 있다. 하지만 그보다는 많은 아웃소싱 회사들이 '수주체질'이라는 점이 중요하다. "이 일을 의뢰 드리고 싶습니다만" 하고 부탁하면 "얼마입니까?" 하는 반응이 돌아온다. '어떤 가치를 창출하고 싶은가?', '그러기 위해서 무엇이 중요한가?' 그런 본질적인 논의를 좀처럼 하기 어렵다. 또 어떤 회사는 가치가 떨어지더라도 비용을 낮추고 싶다는 말을 꺼내기도 한다. 그러면 가치를 창출할 수 없다.

  재미있는 일화가 있다.

  한 컴퓨터 업체 이야기다. 그 회사는 기본적으로 모든 공정을 자사 내에서 해결했지만, 어느 날 조립을 아웃소싱해보았다. 그러자 비용 절감의 효과가 나타났다. 그래서 '이것도, 저것도' 하면서 아웃소싱을 점차 늘린 결과, 사내에서 할 일이 없어졌다고 한다. 돈을 중심으로 물건을 생각하면 회사는 텅 비어버린다. 그 사실을 상징하는 일화다.

  돈보다는 마음이 중요하다.

  '세상에 가치를 제공하고 싶다', '많은 사람들이 기뻐하는 가치를 창출하고 싶다' 이런 순수한 열정을 가진 우수한 사람들만 모은다. 경영은 그들이 능력을 최대한 발휘할 수 있는 환경을 지켜줘야 한다. 열정이 있는 사람들은 '이런 서비스가 실현되면 모두 기뻐할 것이다' 하고 설레면서 일을 한다. 이 설레는 마음이 중요하다.

물론 그런 서비스를 창출하기란 쉬운 일이 아니다. 뼈를 깎는 노력을 해야 한다. 그렇기 때문에 고객들이 '그 회사가 하는 일은 언제나 마음이 설렌다'라고 느끼는 서비스를 계속 내놓을 수 있다. 그것이 기업의 브랜딩이며 회사를 영속시키는 가장 심플한 원칙이다.

나는 확신한다.

고객을 사랑하는 마음.

자신이 종사하는 상품이나 서비스를 사랑하는 마음.

그것이 비즈니스를 성공시키는 데 가장 중요한 요인이라고.

06

회사는 '사람'이 전부다

'굉장한 사람'이 '굉장한 사람'을 끌어당긴다

기업은 사람들이 모인 집단이다.

어떤 사람들이 일하고 있느냐에 따라서 기업문화가 형성되고, 이어 기업의 성쇠까지 결정된다.

그래서 채용이 아주 중요하다. '좋은 인재'를 채용하지 못하면 아무리 훌륭한 기업이념을 내걸고, 아무리 호화로운 사무실을 갖추고, 아무리 치밀한 전략을 세워도 언젠가 그 기업은 쇠퇴한다. 그것이 현실이다.

사람도 마찬가지다. 예를 들면 사람은 음식이 중요하다. 아무리 열심히 피트니스클럽에 다니면서 운동을 해도 몸에 나쁜 음식을 먹으면 건강해지지 않고, 몸이 안 좋을 때 약에만 의존하면 완치하지 못한다. 식생활을 바꾸지 않으면 건강을 되찾을 수 없다. 몸이 무엇을 섭취하는지가 건강에선 가장 중요하다.

그래서 라인 주식회사에서는 아주 신중하게 채용을 진행한다.

우선 대규모 채용을 하지 않는다. 인원수에 중점을 두면 질을 희생시킬 수밖에 없기 때문이다. '돈', '출세', '기업 브랜드'를 동기부여로 삼는 사람, 즉 '고객의 니즈에 부응하는 것'이 아닌 그 이외의 동기부여를 가진 사람이 섞여 들어오게 된다. 아주 위험한 일이다.

무엇이든 양이 질을 결정한다. '그릇된 목적을 지닌 사람'의 비율이 높아지면 기업문화가 서서히 변하기 시작한다. '고객들을 위해서'라며 노력하는 사원들이 제대로 일하기 어려운 분위기가 형성된다. 그중에는 자신이 출세하기 위해서 성과를 내는 사원의 발목을 잡는 사람도 나타난다. 그러면 이를 알아챈 우수한 사원들은 회사를 떠나기 시작하고 정신을 차렸을 때에는 '그릇된 목적을 지닌 사람'이 대다수를 차지하는 회사가 되어 있다.

실제로 성공했던 회사가 대규모 채용 때문에 기울게 된 사례를 곳곳에서 목격했다. 그래서 회사는 커다란 성공을 거두었을 때 가장 주의해야 한다. 성공하면 자연히 일이 늘어나지만, 안이하게 채용해 인원을 늘리면 치명적인 결과를 초래한다. 불필요한 업무는 철저하게 배제시켜 최대한 채용을 줄인다. 그리고 각 '인물'들을 제대로 판단하기 위해 노력할 필요가 있다.

그렇다면 어떻게 판단해야 할까?

경력직 채용에서는 기술과 경험이 전제가 된다. 특히 나는 그 사람의 '가치관', '삶의 방식'에 주의를 기울인다. '돈'이나 '출세', '기업 브랜드'를 추구하는 사람은 채용하지 않는다. '어떤 일을 하고 싶은가?', '무슨 꿈을 이루고 싶은가?', '자신의 능력을 어떻게 발휘하고 싶은가?' 등에 대해 이야기할 때, 얼마나 눈이 반짝이는가? 과거에 성공 경험이 있더라도 겸허한 자세로 더 큰 성장을 추구하는가? 이 점이 가장 큰 포인트다.

물론 나는 채용면접에서 달콤한 말은 일절 하지 않는다. 업무가 얼마나 혹독한지 솔직하게 전달한다. 그래도 흔들림 없이 '좋은 상품을 만들고 싶다'는 열정이 전해지는 사람, 일에 대한 순수한 마음이 있는 사람에게 커다란 매력을 느낀다.

하지만 면접에서 사람을 100% 판단하기는 어렵다.

'이렇게 하면 틀림없다'는 노하우 따위는 없다.

오히려 면접을 하는 측이 중요하다. '굉장한 사람들'은 날마다 고객들과 성실히 마주하면서 뼈를 깎는 노력을 해 결과를 내오고 있다. 그들은 본능적으로 상대방의 자질을 꿰뚫을 수 있다. 이 '직감'을 이기는 무기는 없다.

더구나 그 '굉장한 사람들'의 존재는 채용전략에서 압도적으로 중요하다. 정말 우수한 사람이 추구하는 것은 '돈'도 아니고, '지위'도 아니다. 단지 업계 최고의 '굉장한 사람들'과 함께 일하기를 원할 뿐이다. 다행히 라인주식회사에는 '굉장한 사람들'이 많이 있기 때문에 자연히 우수한 사람을 끌어당긴다. 나아가 '굉장한 사람들'이 채용면접을 함으로써 뛰어나게 우수한 사람이 누구인지를 판단해준다. 그런 선순환이 탄생했다.

그런 의미에서 채용전략의 근간은 우수한 사원들이 능력을 마음껏 발휘할 수 있는 환경을 정비하는 것이다. 그들이 기분 좋게 자유로이 일한다면, 질 높은 인재가 모이는 생태계가 형성된다.

심플을 생각한다

제2장
자신의 '감성'으로 살아간다

07

일은
스스로 찾는다

'하고 싶은 일'을 한다

일은 스스로 찾는다.

라인 주식회사에서 활약하는 사람들의 공통된 심플한 행동원리다.

'이 일을 하고 싶다', '이 프로젝트는 내가 참여하는 편이 좋다'고 스스로 일을 찾으러 갔다가 그대로 눌러앉아 해낸다. 부서나 팀이라는 울타리에 얽매이지 않고 '재미있을 것 같다', '내 능력을 발휘할 수 있다'는 생각이 들면 주저 없이 그 일에 돌입한다. 그런 사람이 점점 자신의 가능성을 펼쳐나간다.

나는 그들이 일하는 방식이 아주 만족스럽다. 왜냐하면 '일이 주어지는 것'이라고 생각하는 한, 자신답게 살아갈 수 없기 때문이다. 사람은 하고 싶지 않은 일을 억지로 하기보다는 하고 싶은 일을 하며 살아가는 편이 행복하다. 하고 싶은 일이기 때문에 의욕도 생긴다. 당연히 좋은 결과가 나올 가능성이 높아진다. 나 자신이 실제로 겪으면서 확신한 것이다.

내 경력은 좌절에서 시작했다.

나는 대학을 졸업하고 니혼텔레비전방송망 주식회사에 입사했다. 어릴 때부터 음악에 몰두했던지라, 음악방송 제작 일을 하고 싶었다. 그런데 컴퓨터 시스템 부문에 배속되었다. 전혀 드러나지 않고 오직 뒤편에서 하는 일이기 때문에 약 반년 동안은 '왜 나만?'이라는 불만을 품고 지냈다.

하지만 낙심한다고 해서 결말이 나지는 않는다. '이왕 하는 거 철저하게 해보자' 하고 마음을 고쳐먹고 본격적으로 컴퓨터 공부를 했다. 자격증도 몇 가지 취득했다. 곧 나는 사내에서 가장 컴퓨터를 잘 아는 사람들 중 한

명이 되었다. 그래도 행복하지 않았다. 나름대로 일을 잘하게 되면 사람들이 믿고 의지를 하게 된다. 그 결과 방송 제작 부문으로 부서 이동을 하고 싶다는 희망은 한층 멀어졌기 때문이다.

기회는 우연히 찾아왔다.
마침 그 무렵, 인터넷이 등장했다. '참 굉장하다'고 생각했다.
'텔레비전과 인터넷을 융합시키면 지금보다 훨씬 재미있는 것을 할 수 있다.'
그렇게 생각한 나는 '수동적'인 업무 방식을 그만두었다. 컴퓨터 시스템 일을 하는 한편, 인터넷을 활용한 업무를 멋대로 시도했다.
처음 시작은 사내용 인터넷 프로바이더를 설립한 것이었다. 상사의 허가도 받지 않고 했지만, '새롭고 색다른 것을 좋아하는' 프로듀서가 "이런 건 안 되요?", "좀 도와줘요" 하며 나에게 이런저런 것들을 부탁해왔다.

후배와 함께 퀴즈방송 기획도 했다. 방청객들에게 기기를 나눠주며 즉석에서 퀴즈를 풀게 한 뒤, 그 대답을 탤런트가 맞추는 식이었다. 나도 방송에 출연했다가 "왜 멋대로 그러느냐?" 하고 상사에게 한 소리를 듣기도 했다.

인터넷 비즈니스에 대한 내 꿈은 점점 커져만 갔다. 그런데 성과를 내면 낼수록 상사가 놔주지 않았다. 시간이 아무리 흘러도 컴퓨터 시스템 일을 그만둘 수 없었다. '인터넷 일에 전념하고 싶다…….' 그 생각이 간절해지자 나는 결국 이직 활동을 시작했다. 니혼텔레비전에 사표를 제출하기로 결심한 것이다.

당시 니혼텔레비전을 그만두는 사람은 없었기 때문에 사내는 약간 소란스러워졌다. 퇴직하기 3일 전, 위에 불려가서 뜻밖의 말을 들었다.

"어차피 그만둘 생각이라면 자네가 좋아하는 일을 해보게."

놀랍게도 나를 위해서 인터넷 비즈니스 전문부서를 만든다는 것이었다. 생각지 못한 일이었기 때문에 깜짝 놀랐다. 나는 마침내 '하고 싶은 일'을 할 수 있게 되었다. 지금의 경력이 만들어지게 된 첫 시작이었다.

그래서 나는 확신한다.

일은 주어지는 것이 아니라 스스로 만들어내는 것이라고.

이것은 일을 하는 데 근원이 되는 중요한 것이다. '수동적'으로 있는 한, 싫은 일들만 하게 된다. 그보다는 스스로 시작해야 한다.

처음에는 작더라도 하고 싶은 일을 해본다. 그러기 위해서 공부하고 결과를 내면 반드시 하고 싶은 일이 손에 들어온다. 그리고 새로운 인생이 펼쳐진다.

08

'돈'과 '명예'를
추구하지 않는다

항상 성장을 실감할 수 있는 곳에서 일한다

'돈'과 '명예'

이 둘은 사람들 눈에 아주 매력적으로 보인다.

하지만 이를 동기부여로 삼아 일한다면 오히려 위험하다. 이유는 심플하다. '돈'이나 '명예'를 손에 넣는 순간 사람들은 그것을 지키려고 하기 때문이다. 그 결과 새로운 도전을 못 하게 되고, 자신의 성장도 멈추게 된다. 아주 무서운 일이다.

나도 예전에 별안간 두려워진 적이 있었다.

니혼텔레비전에서 근무했을 때다. 당시 나는 놀라울 정도로 월급을 많이 받았다. 또 니혼텔레비전에서 일한다는 사실만으로 주변에서 추어올리는 분위기였다. 하지만 넓은 사회를 바라보며 비교했을 때 나 자신의 실력이 어느 정도인지 뼈저리게 알고 있었다. 내 실력을 진짜 시장가치와 비교한다면 너무 많은 월급과 높은 지위였다. 어느 순간부터 '이대로 있다간 이도저도 안 돼' 하고 두려워지기 시작했다.

그래서 인터넷 비즈니스의 세계에서 나 자신의 가치를 높이고 싶다는 마음으로 한층 일에 매진했다. 그 결과 니혼텔레비전은 인터넷 비즈니스 전문부서까지 만들었다. 나는 의욕에 차서 대학원에 진학하여 MBA를 취득했고 인터넷을 활용한 신규 비즈니스를 잇따라 시작했다.

하지만 사내의 벽은 높았다. 좀처럼 생각대로 일을 진행할 수 없었다. 방송국의 본업은 방송 사업이다. 내가 하려는 인터넷 비즈니스는 방송 사업에 종사하는 사람들에게는 어떤 의미에서 방해물이었다. 나는 다시 퇴사를 결심했다. 33세 때의 일이다.

전혀 망설임이 없었다면 거짓말이다. 회사에 남아 있

으면 미래의 생활도 보장되고, 사회적인 지위도 갖게 된다. 그것을 놔버리기 아쉬운 마음도 있었다.

하지만 다시 생각했다. '그런 것에 연연해서 하고 싶은 일을 포기하는 삶은 살고 싶지 않다. 그런 인생은 마치 동물원에서 사육당하는 것과 같다'고.

동물원의 우리 안에서 사육사의 말에 따라 살면 매일 시간에 맞춰 먹이를 먹는다. 아주 안전하고 편한 인생이다. 하지만 내 뜻대로 살 수는 없다. 무엇보다 초원에 풀려났을 때 내 힘으로 먹이를 얻지 못하게 될까 봐 무서웠다. 나는 동물원에서 나오기로 했다.

이직한 곳은 소니였다. 연봉은 절반이었지만, 개의치 않았다. 당시 소니는 텔레비전 등의 하드웨어와 음악, 영화 등의 콘텐츠를 인터넷과 연결시키는 일에 주력하고 있었다. 내가 정말 하고 싶은 일이었다.

그런데 또다시 사내의 벽이 가로막았다. 기존 부문에서 "왜 텔레비전을 인터넷과 연결해야 합니까?"라며 반발이 거셌다. 그래서 사내에서 시작한 브로드밴드 서비스를 구축하는 사내 벤처에 참여했다. 이럭저럭 연매출 수백억 원이 넘는 비즈니스로 성장시켰지만, 그 순간 본사에서 퇴직을 앞둔 사람들을 팀으로 보내왔다. '더 자유롭게 일하고 싶다…….' 그렇게 생각한 나는 이 작은 성공도 버리기로 결심했다.

그리고 다시 이직. 한게임 재팬 주식회사에 입사했다. 36세에 평사원, 연봉도 다시 반감. 지명도도 없는 벤처기업이었기 때문에 이를 계기로 내게서 멀어진 지인도 있었다. 하지만 마침내 나는 내 능력을 맘껏 발휘할 수 있는 곳을 손에 넣을 수 있었다.

나는 그런 길을 걸어왔다.

'하고 싶은 일'을 추구해서 계속 노력했고, 나 자신의 가치를 높일 수 있다고 느낄 때에는 '돈'이나 '명예'도 버리고 이직했다. 그리고 0에서 결과를 내야 하는 상황으로 나 자신을 내몰았을 때 내 능력을 발휘할 수 있고, 그것을 뛰어넘었을 때 엄청나게 성장할 수 있다는 사실을 실감했다.

　사람은 나약한 생물이다. '돈'이나 '명예'를 얻으면 거기에 만족해버린다. 더 이상 스스로 뻗어 성장하기 어렵다. 그리고 자신의 시장가치보다 높은 '돈'과 '명예'에 연연하게 된다. 그 결과 사회에서는 통하지 않는 존재가 된다. 그래서 나는 굳이 혹독한 장소에 있기로 했다. 사람은 어제보다 오늘, 오늘보다 내일 성장할 수 있어야 행복하기 때문이다.

09

일은
당연히 힘든 것이다

성과가 나왔을 때의 '행복'을 아는 사람이 프로다

"일을 즐기자!"

종종 그런 말을 듣는다.

하지만 나는 별로 공감하지 않는다. 물론 일은 재미있다. 재미있기에 몰입할 수 있다. 그런데 "일을 즐기자!"는 말이 지닌 뉘앙스와 내 감각은 차이가 많이 난다. 왜냐하면 일은 혹독한 것이기 때문이다.

어중간한 자세로는 고객들을 기쁘게 할 수 없다. 그들의 니즈에서 조금이라도 어긋나지 않게 온 신경을 예민하게 갈고닦아야 한다. 질 높은 상품을 생산하기 위해서 뼈를 깎는 노력도 필요하다. 더구나 실패는 용납되지 않는다. 심리적, 육체적으로도 강한 스트레스에 노출되는 것이 일이다. 일은 당연히 힘든 것이다.

진정한 프로페셔널은 오히려 그 힘든 상황을 수용하고 담담하게 하루하루의 일을 마주한다. 그리고 그 괴로운 과정을 거쳐 만족스러운 결과가 나왔을 때 '행복'을 몸으로 느낀다.

그동안 나는 '행복'한 순간을 여러 번 경험했다. 그중, 한게임 재팬 주식회사에 들어가서 얼마 안 되었을 때의 일이 지금도 종종 떠오른다.

한게임 재팬 주식회사는 2000년에 설립되었다. 당시 한국에서는 이미 1000만 명이나 되는 유저를 획득하고 있던 컴퓨터용 온라인 서비스 '한게임'을 일본에서 시작하기 위해서 설립된 회사다.

온라인 게임에는 대용량 통신을 빼놓을 수 없기 때문에 브로드밴드 정비가 필요했지만 당시 일본에는 그러한 서비스가 거의 없었다. 이른바 완전히 새로운 시장이었다. 한게임 재팬 주식회사는 무료로 게임을 제공함으써 유저들을 늘리고, 게임에 소액 요금을 부과하여 수익화하는 참신한 비즈니스 모델을 도입했다.

내가 입사한 것은 설립된 지 3년. 이미 100만 명이 넘는 유저들을 확보하고 있었지만, 수익화와는 아주 거리가 먼 상황이었다. 이 비즈니스 모델을 성공시키려면, 유저들을 늘려야 했다. 그래서 오로지 유저들을 확보하기 위해서 분주했다.

힌트가 된 것은 텔레비전이었다. 무료 게임은 시청자들이 무료로 즐기는 텔레비전과 비슷하지 않을까? 텔레비전 방송은 생방송일 때 가장 열기를 띤다. 그렇다면 게임에서도 실시간 이벤트를 개최하면 된다. 그것을 인터넷 동영상으로 중계해서 입장하지 못한 사람들도 인터넷 상으로 참가할 수 있게 하면 열기가 더 뜨거워질 터다……. 그렇게 생각했다.

그래서 매주 이벤트를 실시했다. 유저들에게도 모객목표를 공개해서 친구들을 데리고 오도록 부탁했다. 유저들도 모두 함께 신나게 즐기고 싶었던 모양이다. 마치 동료처럼 힘을 보태주었다.

입소문으로 이벤트 참가자들이 눈덩이처럼 증가했다. 처음 이벤트를 개최했을 때 사이트의 동시 접속자 수는 수천 명이었지만, 1만 명, 5만 명으로 점점 증가했다. 꿈에 바라던 10만 명을 모았을 때 한 유저는 '컴퓨터 앞에서 울었다'고 게시판에 쓰기도 했다.

솔직히 나도 기뻤다.

이 순간을 위해서 죽을힘을 다해 노력했기 때문이다. 설립된 지 얼마 안 된 벤처기업이기 때문에 일손이 모자랐다. 적은 인원수로 게임 개발부터 프로모션, 영업까지 뛰고, 이벤트도 매주 실시하기 때문에 매일같이 건물 한 층에 살다시피 하면서 자는 시간도 아까워하며 일했다. '힘들어……'라는 생각을 수도 없이 많이 했다. 하지만 노력 끝에 그 대가를 보상받았다는 생각이 들 때는 '행복'을 느꼈다. 그 사실을 깊이 실감한 경험이었다.

그런 경험을 수차례 겪으면서 생각했다.

'행복'이란 무엇일까.

내 결론은 다음과 같다. 사람은 누구나 다른 사람에게서 인정받기를 바란다. 그래서 일을 통해 세상 사람들이 기뻐했을 때, 자신의 존재가치를 인정받았다고 느낀다. 그것이 바로 '행복'이다. 그 '행복'을 위해서라면 뼈를 깎는 노력을 할 수 있다. 그것이 바로 프로페셔널이다.

10

자신의 '감성'으로 살아간다

회사나 상사에게 자신을 맞추지 않는다

라인 주식회사에는 '굉장한 사람들'이 많이 있다.

그들은 대박 상품을 계속 만드는 '굉장한 사람들'이다.

나는 그들을 관찰하면서 공통점을 하나 깨달았다. 모두 자신이 좋아하는 일만 하며 살고 있다는 점이다. 그들은 자신이 '좋다'고 여기는 것, 자신이 '재미있다'고 여기는 것을 계속 추구한다. 그것을 '포기'하거나 '참는' 일은 하지 않는다. 바꿔 말하면, 솔직하게 살고 있는 것이다. 그래서 그들에게는 어린 시절의 젊고 신선한 감성이 남아 있다.

감성은 '일을 잘'하는 데 반드시 필요하다.

일단 정말 좋아하지 않으면 '일을 잘'할 수 없다.

좋은 게임을 만드는 사람은 게임을 좋아하고, 좋은 어플을 만드는 사람은 어플을 사랑한다. 다양한 게임을 섭렵하고, 관심이 가는 어플은 모조리 다운로드해서 실행해본다. 좋아하지 않으면 그렇게까지 하지 못한다. 그렇기 때문에 상품의 '좋고 나쁨'을 알게 된다. 좋은 상품의 어디가 좋고, 나쁜 상품의 어디가 나쁜지 알게 된다. 감성이 점점 다듬어지는 것이다.

그리고 그들은 한껏 '기량'을 닦으려고 한다. 자기 자신에 대한 요구 수준이 높기 때문에 어설픈 기술로는 스스로 만족하지 못한다. 그래서 누가 말하지 않아도 자신을 만족시키기 위해 노력한다.

더 중요한 것이 있다.

그들은 바로 '유저들의 마음을 안다'는 점이다. 인기 게임을 해보고 '재미있다'고 느낀다. 그 마음은 다른 유저들의 '재미있다'는 생각과도 같다. 왜냐하면 모두 같은 감성의 사람이기 때문이다. 그래서 유저들의 마음을 생각하면서 자기 안에 있는 '재미있다'는 감성을 진실되게 추구하면, 자연히 유저들이 기뻐하는 쪽으로 다가가게 된다.

나는 기획을 채택할 때 그 기획에 제안자의 개인적인 '실감'이 담겨 있는지를 중요하게 생각한다. 아무리 시장조사와 매출 데이터를 나열해놓고, "여기에 커다란 시장이 있다"고 구구절절 설명을 한다 해도 정말 '좋은 상품'을 만들 수는 없다.

물론 감성에만 의존하면 독선적이 될 우려가 있다. 따라서 객관적인 데이터를 가지고 논리적으로 생각해야 한다. 하지만 그것만으로 대박이 난다면 고생할 사람은 아무도 없을 것이다. 기획 안에는 제작자의 '이게 재미있다', '이게 필요하다'라는 꾸밈없는 실감이 담겨 있어야 한다.

자신의 감성을 꾸준히 갈고닦는 '굉장한 사람들'의 기

획에는 언제나 그 실감이 포함되어 있다. 그렇기 때문에 그들은 대박 상품을 계속 만들 수 있다.

그런데 요즘에는 자신의 감성을 억누르는 젊은이들이 증가하는 듯해서 걱정이 많이 된다. 얼마 전에도 한 사장에게 이런 말을 들었다.

입사시험 면접을 보는데 모두 똑같은 소리를 하더라는 것이다. '거참, 이상하군……' 하고 의아해하던 어느 날, 자사 홈페이지를 살펴보다가 그 의문이 풀렸다고 한다. 모두 홈페이지에 적힌 '회사 방침'을 자못 '자신의 꿈'인 양 말하고 있던 것이다. 그는 얼굴에 그늘을 드리우면서 "무서운 시대예요……" 하고 말했다.

그 이야기를 듣고 정말 공감했다.

취직하고 싶다, 상사 마음에 들고 싶다…….

그런 '눈앞의 성공'을 위해서 자신의 감성을 억누르는 행위는 아주 무서운 일이다. 결국 그것은 자신의 본심이 아니기 때문에 전혀 진정성이 없다. 그래서는 절대 '일을 잘'할 수 없다.

자신의 감성으로 살아간다.

바로 '일을 잘'하는 절대조건이다.

11

'눈치'를
보지 않는다

회사의 비판보다 고객을 더 두려워한다

눈치를 보지 않는다.

이 또한 '굉장한 사람들'의 공통점이다.

그들은 상사가 정한 목표 방향이 틀렸다고 생각하면, 겁내지 않고 자신의 의견을 말한다. 엔지니어가 디자이너의 일을 '지적'하기도 하고 디자이너가 엔지니어의 일을 '지적'하기도 한다. 때로는 주변의 반대를 무릅쓰더라도 자신이 '맞다고' 믿는 상품을 완성한다. 자신이 '아니다'라고 생각하면, 분위기가 어떻든 개의치 않고 돌진하는 면이 있다.

축구를 예로 들면, 야성적인 공격수와 같은 존재다.

골의 이미지가 명확하게 보이면, 직접 드리블을 해서 슛을 하러 간다. 반대편에서 주장이 "패스 해!"라고 신호를 보내도 상관하지 않는다. 자신의 머리로 경기의 전체 상황을 파악해서 '이것이 최선이다'라고 확신한 후 골을 노리는 것이다.

그래서 '굉장한 사람들' 중에는 대기업에 잘 적응하지 못한 사람들이 많다.

대기업에서 상사의 지시를 무시하고 자신의 판단만으로 슛을 하면 어떻게 될까? 골을 못 넣었을 때는 물론이거니와, 설령 골을 넣었더라도 비판을 받는다. "저 녀석은 제멋대로다", "저 녀석은 다루기 힘들다" 등. 주변 사람들도 그 분위기를 민감하게 알아채고 그들을 멀리하기 시작한다.

그래도 그들은 경기 방법을 바꾸지 않는다.
왜냐하면 두렵기 때문이다.

무엇을 두려워할까?

바로 고객들이다.

고객들이 원하는 것에서 불과 '1밀리미터'라도 벗어나면 완성된 상품은 외면당한다. 그런 혹독한 시장을 그들은 뼈저리게 느끼고 있다.

그들은 '고객들이 원하는 것은 무엇인가?'에 확신이 들 때까지 생각하고, 결론을 내리면 절대 타협하지 않는다. 물론 작업 과정 중에는 여러 사람들의 의견에 귀를 기울이며, 자신의 상품 이미지를 다듬어 발전시킨다. 하지만 그 과정에서 아니라고 생각하면서도 회사 분위기에 자신의 생각을 맞추는 모호한 행동은 하지 않는다. 회사에서 상사나 동료들에게 비판받는 것보다는 고객들의 니즈에서 벗어나는 것이 더 두렵기 때문이다.

이것이야말로 진정한 프로페셔널이다.

그런 사람이 특출한 상품을 만들어낼 수 있다.

'좋은 상품'을 만들려면 절대 조정해서는 안 된다. 가령, 'A씨의 아이디어와 B씨의 아이디어를 조합하자'라고 생각해서 '이것도, 저것도' 하며 기능을 덧붙여 고객들이 느끼기에 복잡하고 사용하기 어려운 상품을 탄생시킨다. 혹은 '상사의 취향에 맞추자'고 콘셉트가 모호한 상품을 만들어낸다. 그렇게 하면 절대 고객들의 마음을 사로잡을 수 없다.

왜 타협하게 될까?

회사의 눈치를 보며 분위기를 파악하는 것이 일의 목적이 되어 있기 때문이다. 완전히 본말전도(本末顚倒)다. 회사는 사원들이 사이좋게 지내라고 존재하지 않는다. 어디까지나 고객들이 기뻐할 상품을 만드는 곳이다. 그러기 위해서는 회사 분위기를 망가뜨리는 것을 두려워해서는 안 된다. 알력을 무서워해서는 안 된다.

항상 주변에 신경을 쓰는 모호한 사람은 그럭저럭 일은 할 것이다. 하지만 절대 '그럭저럭'을 넘어서지 못한다. 특출한 결과를 내려면 주변 눈치를 보며 분위기를 파악해서는 안 된다. 고객들이 원하는 것을 심플하게 추구하는 사람만이 특출한 상품을 만들어낼 수 있다.

12

'전문가'가 되지 않는다

본질에서 벗어난 노력은 하지 않는다

'전문가'가 되어서는 안 된다.

나는 그렇게 생각한다.

물론 직장인이라면 각기 전문지식이나 전문기술을 갈고닦아야 한다. 그런데 종종 '전문가'라는 본질을 잃어버린다. 이른바 축구 리프팅의 명수와도 같다. 리프팅 묘기 자체는 멋있지만 경기가 시작되면 일단 골을 넣어야 의미가 있다. 그런데 '전문가'는 간혹 경기 중에 리프팅을 시작한다.

예전에 한게임 재팬 주식회사 시절에 있었던 일이다.

게임 시장의 주역이 컴퓨터에서 피처폰(일반 휴대전화)

으로 이행되던 무렵이다. 당시 인터넷의 세계에서는 컴퓨터 그래픽으로 만든 정교하고 치밀한 게임이 유행했다. 하지만 피처폰으로는 도저히 그와 동일한 것을 실현할 수 없었다. 데이터 용량이 너무 커서 피처폰의 화면 크기로는 재현이 불가능했다. 그래서 피처폰용으로 '간단한 게임'을 개발할 필요가 생겼다.

일부 사원들은 강하게 반발했다. "이런 것은 게임이 아니다"라는 것이다. 그 마음은 충분히 이해되었다. 그동안 정교하고 치밀한 게임 제작으로 실적을 올려온 그들에게 '간단한 게임' 제작은 그동안 자신들이 쌓은 경력을 부정하는 것과 같았기 때문이다. 그런데 나는 "그렇지 않다"라고 주장했다. 그들이 본질에서 벗어나 있다고 생각했기 때문이다.

애당초 게임이란 무엇일까?

놀이다. 사람들이 즐겁게 놀 수 있는 게임은 좋은 게임이다. 그렇다면 '아름다운 그래픽'은 게임의 본질이 아니라 게임의 한 요소에 불과하다. 거기에 얽매임으로써 피처폰에서 요구되는 게임을 개발하지 않는다면 본말전도가 된다. '애당초'를 잊었을 때 사람은 누구나 그와 같은 실수를 범한다.

내가 예전에 소니에 근무했을 때도 이와 비슷한 일이 있었다.

입사해서 배속된 곳은 신규사업부였다. 텔레비전이나 모바일을 인터넷과 연결함으로써 새로운 서비스 창출을 하는 것이 임무였다. 내가 줄곧 하고 싶었던 일이었다. 매일같이 기획서를 정리해서 텔레비전 사업부 등에 여러 차례 제안을 했다. 하지만 아무리 설득해도 의견이 어긋났다.

그들은 텔레비전에 관한 초일류 기술자들이었다. 그들은 "왜 텔레비전을 인터넷과 연결해야 합니까?", "텔레비전은 그러라고 있는 게 아닙니다"라는 태도로 일관했다. 그들에게 텔레비전은 '전파로 영상을 수신하는 기구'였던 것이다.

텔레비전은 애당초 전파로 영상을 수신하라고 있는 물건일까? 텔레비전을 발명한 사람은 그렇게 생각하지 않았을 것이다. 필시 그는 '멀리 떨어진 곳에 영상을 전달하는 기술'을 개발하려고 했다. 그것이 전 세계 사람들의 니즈기도 했다. 그리고 마침 사용할 수 있는 기술이 전파였다. 그렇다면 전파는 어디까지나 수단이지 본질이 아니다. 인터넷과 연결하면 텔레비전의 가능성은 훨씬 커지게 된다.

사람들은 종종 '지금 존재하는 것'의 영향을 받는다. 전파를 수신받는 수상기가 있으면 그것이 텔레비전이라고 착각한다. 그리고 본질에서 벗어난 노력을 시작한다.

예를 들면 텔레비전 업계는 오랫동안 화질 향상이 지상의 과제였다. 그렇게 하이비전(고선명 텔레비전)이 탄생했고, 최근에는 4K(초고선명 영상 기술)가 등장했다. 최첨단 전문지식이 충분히 활용되었다. 하지만 그것이 정말 텔레비전의 본질일까? 정말 사람들이 추구하는 것일까?

그래서 나는 항상 중요하게 여기는 질문이 있다.

바로 '애당초, 이것은 무엇인가?'다. 자칫 '전문가'가 소홀히 여기기 쉬운 소박한 물음이지만, 이 물음은 나를 언제나 사물의 본질로 되돌아가게 한다.

13

'아무것도 없기' 때문에 단련할 수 있다

자원이 부족하기 때문에 사람은 생각한다

"예산이 적어서 좋은 결과를 낼 수 없다."

그런 변명을 하는 사람 중에 일을 잘하는 사람은 없다. 예산이 넉넉해도 그들은 좋은 결과를 내지 못한다. 나는 그렇게 확신한다.

물론 비즈니스를 하는 데 사람, 물자, 돈 등의 자원은 빼놓을 수 없다. 경영자는 현장 사원들에게 필요한 자원을 준비해줄 책임이 있다. 하지만 언제나 필요한 자원을 모두 준비할 수는 없다. 자원은 항상 부족하다. 그것이 바로 비즈니스의 현실이다.

중요한 것은 한정된 자원 안에서 어떻게 지식을 짜내 결과를 내는지다. 그 시행착오 과정을 겪으면서 진정한 업무 능력이 단련된다. 오히려 자원이 풍족한 환경보다 '아무것도 없다'고 할 정도의 환경이 자신을 성장시킬 수 있다.

한게임 재팬 주식회사에 입사한 뒤 나는 그 사실을 실감했다.

다행인지 불행인지, 나는 처음에 대기업에서 경력을 쌓았다. 그 안에 있을 때는 자각하기 어렵지만 대기업은 자원이 아주 풍부하다. 그래서 일을 하기가 아주 수월하다. 예를 들면 마케팅을 들 수 있다. 니혼텔레비전에 있을 무렵에는 공식 발표만 해도 많은 매체에서 다루어주었다. 당시에는 예산도 넉넉했기 때문에 광고를 잡기도 수월했다.

그런데 내가 입사했을 당시, 한게임 재팬 주식회사는 달랐다. 마케팅을 강화하고 싶었지만 무명 회사였기 때문에 공식 발표를 해도 상대해주는 곳이 거의 없었다. 물론 광고를 낼 예산도 없다. 대기업에 익숙해진 내 방법은 별로 도움이 되지 않았다. 아무튼 지혜를 짜내서 스스로 움직여 땀을 흘릴 수밖에 없었다…….

그래서 우리는 여러 매체에서 "엇!" 하고 관심을 가질 만한 공식 발표를 어떻게 작성할지 철저하게 연구도 하고, 친구와 지인들에게 서비스를 판매해서 입소문으로 퍼지게 하는 등 온갖 방법을 동원했다. 니혼텔레비전 시절과 비교하면 방대한 수고가 들었지만, 이 시행착오를 겪으면서 나는 상당히 단련되었다.

예를 들면 공식 발표문을 작성하는 방법이 있다. 광고 문구 작성법, 광고 본문의 논리 구성……. 그 안에는 사람들의 마음에 호소하기 위한 실로 심오한 노하우가 담겨 있다. 서비스의 매력을 한순간에 전달하는 '언어'를 찾을 수 있으면 보는 이의 반응은 극적으로 바뀐다. 공식 발표를 하기만 하면 각종 매체에서 다루어주었던 니혼텔레비전 시절에는 배울 수 없던 것이었다.

그뿐만이 아니다. 그 경험으로 새로운 서비스 기획력도 기를 수 있었다. 사람들의 마음에 꽂히는 광고 문구는 우수한 서비스의 콘셉트 자체이기 때문이다. 많은 사람들이 '엇, 재미있겠는걸' 하고 느낄 수 있는 광고 문구를 생각해내고, 다시 역산해서 서비스를 설계한다. 그러면 대박 날 확률이 훨씬 높아진다.

입소문을 부탁한 지인, 친구들에게서도 많은 것을 배울 수 있었다. 서비스를 체험했을 때의 실제 반응을 볼 수 있기 때문이다. 반응이 좋은 서비스와 그저 그런 서비스의 차이점은 무엇일까? 이 체감의 유무가 서비스 개발력을 크게 좌우한다. 기획을 하거나 서비스를 구축할 때에 '이걸로 기뻐할까?' 하고 유저들의 얼굴을 상상해본다. 이때 실제 표정을 떠올릴 수 있는 사람일수록 니즈가 높은 서비스를 창출할 수 있다.

그렇게 나는 효과적인 마케팅 방법을 백지상태에서 모색함으로써 본질적인 노하우를 배울 수 있었고, 서비스 기획력도 연마할 수 있었다. 자원이 부족했던 덕분에 익힐 수 있었던 것이다.

그래서 나는 이렇게 생각한다.

자원이 풍요로운 환경에 있다고 해서 반드시 좋지만은 않다. 오히려 '아무것도 없는' 상황에서 더 크게 성장할 수 있다. 그리고 시행착오를 되풀이하면서 '자원이 부족해도 성공할 수 있다'는 확신을 얻을 수 있다. 그 확신이야말로 비즈니스맨에게는 자신감의 근원이 된다.

# 14

'확신'이 들 때까지 철저히 생각한다

철저한 생각 끝에 한 실패는 성공의 원천이 된다

"실패해도 되니까 도전하라."

혼히 하는 말이다. 하지만 나는 그동안 내 일에 대해 '실패해도 된다'고 생각한 적은 없다. 인생에서 가장 큰 실패는 실패가 두려워 아무 도전도 하지 않는 것이다. 그렇다고 해서 '실패해도 된다'고 말한다면 너무나 무책임하다.

고객은 귀중한 돈과 시간을 투자해서 상품이나 서비스를 이용한다. 그럼에도 '실패해도 된다'는 것은 실례가 아닐까? 그리고 그 상품을 만드는 데 투자를 한 사람도 있다. 그처럼 무책임한 자세로 일을 마주한다면 프로페셔널로서 용서할 수 없는 일이다.

라인 주식회사의 '굉장한 사람들'도 그런 감각으로 업무를 마주하고 있다. 그들은 '실패해도 된다'라는 무른 생각은 일절 하지 않는다. 오히려 자신과 타인에게도 실패에는 엄격하다. 사풍은 자유롭지만 어중간한 마음으로 일할 수 있는 '느슨함'은 조금도 없다.

물론 이 세상에 약속된 성공은 존재하지 않는다.

무슨 일이든 해보지 않으면 성공 여부를 알 수 없다. 신상품은 항상 도박과 같다. '반드시 성공'하는 일은 있을 수 없다. 그 점은 나 자신이 뼈저리게 알고 있다. 그래서 성공을 위해 안이한 타협은 하지 않는다. '반드시 성공한다'는 확신이 들 때까지 모든 노력을 한다. '굉장한 사람들'에게서 보이는 공통된 자세다.

그래서 내가 리더를 맡은 프로젝트는 더욱 꼼꼼하게 따지며 기획했다.

많은 기획들이 직감에서 시작된다. '이게 재미있지 않을까?', '이런 게 있으면 편리하지 않을까?' 그러한 직감력이 없으면 좋은 상품을 만들어낼 수 없다.

하지만 직감만으로는 위태롭다. 단순히 불현듯 떠오른 생각일 수도 있고 독선적인 생각일 수도 있다. 자신의 직감에 확신을 가질 수 있다면 엄청난 천재다. 누구나 속으로는 불안해한다. 그렇기 때문에 꼼꼼하게 따진다. 모든 각도에서 철저히 파고든다. 그래서 설명이 흔들리면 기획을 반려한다. 더 논리적으로 충분히 생각한 뒤 다시 기획할 것을 요구한다.

시장 조사로 고객들의 니즈를 파악하는 것은 물론이거니와 유사 상품을 대응해봄으로써 '그 기획'이 어떠한 니즈를 만족시키는지를 명확하게 한다. 시장의 역사를 조감해서 지금 왜 '그 기획'이 필요한지를 밝힌다. 모든 사항을 생각하고 따진다.

몇 번이나 기획이 반려되기도 한다. 결과적으로 채택되지 못한 것도 산더미처럼 많이 있다. 하지만 그 과정을 거침으로써 직감이 논리적으로 뒷받침되면 확신이 생긴다. 성공 이미지가 명확하게 그려진다. 본인이 그 확신을 갖게 되었을 때 비로소 진행하게 된다.

물론 그래도 실패가 발생한다.

그때는 하는 수 없다. 나는 일절 변명에 귀를 기울이지 않는다. 아무 의미가 없기 때문이다. 그보다 실패를 유용하게 잘 살리는 일이 중요하다. 이때 논리적으로 철저히 따진 사항들이 도움이 된다. 실패를 검증할 수 있기 때문이다.

상품 개발은 낚시와 같다. 배를 바다 위에 띄운다. 사방을 둘러보고 어디에 물고기 떼(니즈)가 있는지 분석하고 생각해서 낚싯줄을 늘어뜨린다. 물고기 떼를 만나면 그 상품은 성공이다. 직감에 의존한 상품 개발은 이른바, 어림짐작으로 낚싯줄을 드리우는 것과 같다. 그래서는 실패했을 때 검증할 방법이 없다.

한편 논리적인 상품 개발이란 '반경 90도 내에 물고기 떼가 있지 않을까'라는 가설을 세우는 것이다. 어떠한 반응이 나타나면 45도로 더 좁혀서 생각한다. 그렇게 차츰

각도를 줄여 가면 언젠가 반드시 성공할 수 있다.

중요한 것은 가설의 정밀도다.

즉, 확신이 들 때까지 끝까지 생각하는 것이다.

그리고 그 사이클을 빨리 회전시킨다.

그것이 그 사람의 성장 속도를 결정한다.

15

'불안'을 즐긴다

미래가 불확실하기 때문에 가능성은 무한하다

인생에는 '곧게 뻗은 길'이 있다.

젊은 시절, 나는 그렇게 생각했다.

좋은 대학을 나와 좋은 회사에 들어가서 성실하게 일을 하면 출세도 하고, 월급도 오르고, 아이들도 성장해서 행복한 노후를 맞이한다. 그런 '곧게 뻗은 길'이 있다고 생각했다. 세상 사람들이 일반적으로 믿는 사실을 그냥 믿고 있었다. 그리고 그 '곧게 뻗은 길'에서 벗어나는 것이 조금 무서웠다.

하지만 나는 도중에 그 '곧게 뻗은 길'에서 빠져나왔다. 내가 하고 싶은 일을 추구하며 살아가고 싶다고 생각했기 때문이다. 길이 없는 곳을 간다는 것이 결코 편하지 않았지만, 세상에 조금이라도 가치를 제공할 수 있게 하루하루 열심히 살아감으로써 이럭저럭 지금까지 버틸 수 있었다.

지금은 이렇게 확신한다.
사람은 당장 내일의 일조차 모르는 것이 자연스러운 일이라고.
과거에 내가 그렸던 '곧게 뻗은 길' 따위는 단지 환상에 불과하다. 오히려 미래를 안다는 생각은 위험하다. 특히 현대처럼 변화가 격렬한 시대에는 '언제, 무슨 일이 생길지 모른다'는 마음으로 항상 긴장해야 한다. 그래야 감성이 발달한다. 감성이 발달하면 변화를 대비해 준비하게 되고, 변화가 생기면 기민하게 대응하게 된다. 그런 야성적인 생명력이 양성될 수 있다. 반면 가장 위험한 것은 '곧게 뻗은 길'을 믿는다거나 누군가가 미래를 알려준다고 기대하면서 현실과 마주하지 않고 하루하루를 막연하게 살아가는 것이다.

사람은 세상에 내던져진 것과 같다. 정해진 길 따위는 없다. 사람은 한없이 자유롭다. 모두 자신이 스스로 결정해야 한다. 어떤 일을 할지, 일과 어떻게 마주할지, 어떤 회사에서 일할지, 무엇을 소중히 여기며 살지……. 그런 선택에 따라 인생은 정해진다.

물론 항상 불안감이 든다.

하지만 그것이 현실이기 때문에 반대로 그 불안감을 즐기는 편이 낫다. 미래를 모르기 때문에 가능성이 무한하다고 생각하고 그 가능성에 자신을 건다. 그런 삶의 자세가 중요하다.

이 세상에 완벽하게 좋은 것은 없다. 무엇이든 좋은 면과 나쁜 면이 있다. 중요한 것은 좋은 면을 보면서 사물을 긍정적으로 생각하는 것이 아닐까. 물론 '미래를 알지 못하고', '변화가 격렬한 것'에는 부정적인 측면이 있다. 그런데 '미래가 불안하기 때문에 도전하지 않는다', '변화가 빨라서 따라갈 수 없다'라는 생각으로는 가치 있는 것을 전혀 창출하지 못한다. 오히려 '미래를 모르기 때문에 가능성이 있다', '변화가 격렬하기 때문에 기회가 있다'는 생각으로 적극적으로 살아가는 편이 바람직하다.

내 행운은 라인 주식회사에 그런 생각을 가진 사람들만 모인 것이다.

우리는 심한 부침을 경험했다. 과거 한게임 재팬 주식회사에서 온라인 게임으로 일본의 넘버원이 되는 데 성공했지만, 좋은 시기는 그리 오래가지 않았다. 피처폰의 등장이라는 변화에 잘못 대응한 점도 있어서 그 뒤 한동안 고전을 면하지 못했다. 뜻대로 풀리지 않아서 부하 직원들과 소리 높여 울기도 했다.

회사를 떠난 사람도 있었다. 하지만 남은 사람은 모두 철저하게 긍정적이었다. 오히려 인터넷 세계의 격렬한 변화를 즐겼다. 넘버원을 뒤집을 커다란 파도가 오지 않는 한, 언제까지나 밑바닥이기 때문이다. 커다란 파도가 왔을 때가 바로 기회이고, 그 파도가 빈번하게 온다는 것은 기회가 무한대로 있다는 의미이다. 그 기회에 맞춰 모든 걸 내걸 수 있게끔 매일 자기 자신을 연마한다. 내 주변에는 그런 사람들만 남았다.

    그래서 우리는 스마트폰의 등장을 기회라고 보고 과감하게 도전할 수 있었다. 그리고 라인을 탄생시켰다.

    미래가 불확실하기 때문에 가능성은 무한하다.

    과연 그 사실을 믿을 수 있는가.

    그것이 성공 여부의 갈림길이다.

심플을 생각한다

제3장
'성공'은 버린다

16

회사를 '동물원'으로 만들지 않는다

성과를 낸 사람이 대가를 받는 회사로 만든다

한게임 재팬 주식회사에 입사한 지 4년 뒤⋯⋯.

나는 사장직을 맡게 되었다. 당시 나는 내심 위기감을 느끼고 있었다. 입사했을 당시에 비하면 회사의 상황이 일변해 있었기 때문이다.

내가 입사했을 무렵에 한게임 재팬 주식회사는 사원 수 약 30명의 적자 회사였다. 모두가 필사적으로 일했다. 그리고 불과 4년 만에 일본 온라인 게임시장에서 넘버원이 되었다.

그때 무슨 일이 일어났을까?

모두 행복해졌다. 월급이 오르고, 결혼을 하고, 아이를 낳고, 집을 사고, 일찍 귀가하게 되었다. 물론 좋은 일이다. 그런데 나는 '위험하다'고 느꼈다. 왜냐하면 연공서열식 임금체계였기 때문이다.

그대로 회사에 남으면 에스컬레이터처럼 자동으로 연봉이 올라간다. 그렇게 생각한 사람들은 과거에 유저들에게 인정받기 위해 눈에 불을 켜며 일하던 야성적인 모습을 잃고, 송곳니가 빠진 것처럼 변해버렸다. 실로 '동물원 상태'로 변화하고 있었다.

'역시 인간은 나약하다.' 그런 생각이 안 들 수 없었다. 사람은 일단 행복해지면 그 이상을 추구하지 않는다. 자신의 뼈를 깎아서까지 고객들에게 최선을 다하려는 사람은 거의 없다.

물론 경쟁이 없는 사회라면 그 또한 나쁘지 않다. 손에 넣은 성공을 계속 지킬 수만 있으면 행복한 상태로 있을 수도 있다. 하지만 인터넷 업계는 변화의 속도가 매우 빠르고, 경쟁도 치열하다. 항상 새로운 '가치'를 창출하지 않으면 순식간에 고객들에게 버림을 받는다.

이 세상은 원하는 자와 제공하는 자의 생태계이다. 고객들이 기뻐한 결과로 회사가 윤택해지고 사원들도 풍족해지는 순환이 가장 중요하다. 회사를 '동물원'으로 만들면 안 된다. 동물원에 안주해서 생태계에 어울리지 않게 되었을 때 행복은 어이없이 사라진다. 행복 끝에 행복은 없다.

그뿐만이 아니다.

더 심각한 문제도 나타났다.

연공서열이기 때문에 일도 아주 잘하고 회사에 많은 공헌을 하는 사원이 신입이라는 이유만으로 별 일도 안 하는 고참 사원보다 낮은 월급을 받는다. 나는 여기에 의문을 품지 않을 수가 없었다. 더구나 어떤 사람은 자신의 지위를 위협한다는 이유로 새로 들어온 사원을 공격했다. 이상한 일이었다. 그래서 나는 어느 날 선언했다.

"전 사원의 급여를 재설정하기로 했습니다. 앞으로는 성과를 내고 유저들에게 커다란 가치를 제공하는 사람부터 우선적으로 급여를 높게 지불합니다."

기존 급여와 직함을 모두 백지상태로 되돌렸다. 전 사원을 다시 조사해 급여를 재배분하기로 했다.

물론 반대하는 사원들이 속출했다. 사내에 큰 소동이 일어났다.

나는 전혀 귀를 기울이지 않았다. 큰소리로 반대하는 사원들은 일하는 양에 비해 급여를 너무 많이 받는 사람들뿐이었기 때문이다. 더구나 그들은 단순히 감정에 치우친 상태였다. 논리적인 말이 통하지 않기 때문에 논의할 필요가 없다고 판단했다.

결국 반대하던 사람들은 대부분 퇴직을 선택했다. 하지만 인원은 보충하지 않았다. 그 대신 그만둔 사람들의 급여만큼 성과를 내는 사원들에게 나눠주었다. 열심히 하는 사원들의 사기는 크게 올라갔다. 그로 인해 '정말 능력 있는 사람이 대가를 받는 회사로 만든다'는 심플한 방침을 전 사원들에게 깊숙이 침투시킬 수 있었다.

17

'성공'은 버린다

자신의 시장가치를 높이는 유일한 방법

연공서열식 인사제도의 폐지.

이것이 내가 사장으로 취임한 뒤, 가장 먼저 내세운 방침이었다.

인간은 나약하다. 회사에 오래 있었다는 이유만으로 대가를 더 받는 구조로는 고객들을 위해서 뼈를 깎는 노력을 하지 못한다. 그래서 재적 연수에 상관없이 고객들에게 커다란 가치를 제공하는 사람들부터 우선적으로 높은 급여를 지불하는 구조로 바꿨다.

하지만 뭔가가 더 필요했다.

기업은 항상 새로운 가치를 창출해야 했다.

기업들의 지난 성쇠를 연구해보면 심플한 법칙을 찾을

수 있다. 변화가 없는 기업이 쇠한다는 점이다. 특히 인터넷 업계는 상품 복제가 용이한 세계이기 때문에 더더욱 그렇다. 같은 일만 반복하고 있으면 금방 경쟁사가 쫓아와서 진부해진다. 그래서 항상 새로운 가치를 창출해 내는 유전자를 갖고 있지 않으면 살아남을 수 없다.

나는 NHN 재팬 주식회사(한게임 재팬 주식회사의 후계회사이자 라인 주식회사의 전신)였던 2009년에 기존의 업무를 새로운 상품을 창출하는 크리에이티브 업무와 성공한 상품을 한층 더 개발시키는 오퍼레이션 업무로 나누었다.

여기서 중요한 점은 창의력을 발휘해서 대박 상품을 탄생시킨 다음에는 오퍼레이션 부문이 이를 이어받는다는 것이다. 누구나 자신이 탄생시킨 성공에는 애착이 생긴다. 자신의 손으로 더 개발하고 싶어 한다. 남의 손에 넘겨주기 억울한 마음이 든다. 하지만 과감하게 손을 떼게 한다. 그리고 다시 새로운 가치를 창조하게 한다. 즉, 성공을 버리는 것이다. 이것을 회사 문화로 정착시키기 위해 내린 결단이었다.

이것은 결코 쉽지 않은 길이다.
하지만 성공을 버리는 일이 결국 그 사람을 성장하게 만든다.
새로운 일에 도전하면 당연히 실패 위험이 높아진다. 그렇기 때문에 지난 성공에 매달린다. '보수적인 자세'에 돌입한다. 그리고 똑같은 일을 반복하는 데 집착하게 된다. 하지만 그 사이에도 새로운 기술은 잇따라 탄생하고 고객들의 니즈도 끊임없이 변화한다. 그 사실을 알아챘을 때에는 이미 시대에 뒤쳐진 뒤다.
그래서 성공은 버리는 편이 좋다. 설령 가혹하더라도 항상 새로운 가치를 창출하는 일에 도전해야 한다. 개인의 '시장가치'를 계속 높이는 유일한 방법이다.
물론 다시 시작할 때는 누구나 "또 성공할 수 있을까?" 하고 불안해진다. 더구나 너무 새로울수록 실패할 가능성은 높아진다. 물론 마음이 꺾이려고 할 때도 있다.

하지만 포기하지 않고 끊임없이 노력하여 여러 번 성공하다 보면 확신을 가지게 된다. 그때 비로소 정말 우수한 사람이 될 수 있다.

  우수한 사람이 주도권을 쥐면 회사는 강해진다.
'지키려는 사람'에게는 힘이 없기 때문이다.
  지난 성공을 지키려는 사람이 권력을 쥔 회사에서 그 성공을 무너뜨릴 만한 새로운 일을 실현하기란 아주 어렵다. 그 증거로 '신규사업 부문'의 존재를 들 수 있다. 대체 왜 '신규사업 부문'을 만들어야 할까? 기존 부문이 새로운 일에 도전하려고 하지 않기 때문이다. 게다가 그들이 힘을 쥐고 있다. 그래서 '신규사업 부문'에 상당한 권위를 부여하지 않으면 곧잘 짓이겨진다. 그런 사례가 아주 많지 않을까?

  오히려 가장 우수한 사원이 항상 '새로운 가치'를 창출하는 기업문화를 완성해야 한다. 성공은 버린다. 지키려고 하지 않는다. 그런 심플한 신조를 지닌 사원에게 계속 권한이양을 한다. 이것이 진정한 의미에서 강한 회사를 만드는 방법이다.

18

'솔직'하게 말한다

모호한 표현이 일을 망친다

라인 주식회사는 솔직하게 말하는 기업문화를 양성했다. 차마 말하기 어려운 내용이라도 기탄없이 분명하게 전한다. "그 기획은 시시한 것 같다", "이 어플은 퉁퉁 불은 라면 같다" 등. 물론 그 근거도 확실하게 설명한다. 그리고 전달할 내용을 오해가 없게끔 명확하게 전달한다. 전 사원들에게 이처럼 심플한 커뮤니케이션을 권했다.

여기에는 이유가 있다.
라인 주식회사에는 변화가 치열한 세상에서 싸우기 위해 일본 이외의 다양한 국적을 가진 직원들이 일하고 있다. 그 때문에 처음에는 사내의 커뮤니케이션이 결코 순탄하지만은 않았다.

  일본인들은 커뮤니케이션을 할 때 상대방의 기분을 배려한 나머지 에둘러 표현하거나 속내를 넌지시 비추는 경향이 있다. 물론 일본 정서의 좋은 면이다. 하지만 외국인과 커뮤니케이션을 할 때는 문제가 발생한다. 외국인들은 일본인의 미묘한 뉘앙스를 이해하지 못하기 때문이다.

  예를 들면 "좋긴 한데, 좀……"과 같은 표현이 있다. 일본인이라면 '문제가 좀 있구나' 하고 헤아릴 수 있다. 하지만 외국인은 "좋다는 거야?", "안 된다는 거야?" 하는 식으로 헷갈려 한다. 혹은 '이런 식으로 계속하면 되는구나' 하고 오해할 때도 있다. 그 상태로 일을 진행하다가 마지막에 '지적'을 당하면 그를 '거짓말쟁이'라고 여기게 된다.

  그래서 의식적으로 솔직하게 말할 필요가 있었다.

  그 결과 외국인들은 물론 일본인들도 아주 만족할 수

있었다.

서로의 진의를 명확하게 알기 때문에 의사소통을 하는 데 어긋나지 않는다. 오해나 착각 속에 일을 진행하다가 나중에 수정해야 하는 헛수고도 없다. 상대방의 진의를 탐색하려는 수고와 스트레스도 사라진다. 결과적으로 일의 진행이 훨씬 원활해진다. 비즈니스는 속도가 생명이다. 그렇기 때문에 상대방의 마음을 생각해서 모호한 표현을 하기보다는 자신의 의사를 명확히 전달하는 훈련을 하는 편이 좋다.

부하 직원을 지도할 때도 마찬가지다.

세상에는 '칭찬하여 키운다', '의욕을 고취한다' 등의 관리 방법이 넘쳐나고 있다. 아주 이상적인 방법이다. 하지만 결코 쉬운 일은 아니다.

그래서 나는 경험이 적은 관리자에게는 복잡하게 생각하지 말고 부하 직원에게 생각한 바를 솔직하게 전달하는 편이 좋다고 권한다. 실력이 부족한 사람을 섣부르게

치켜세우면 "난 능력이 있어" 하고 착각하게 만들 뿐이다. 그 결과 진지한 노력을 하지 않은 채 그대로 도태되는 사람을 여럿 보았다. 섣부른 인정은 오히려 사람을 망가뜨린다.

그보다는 '실력이 부족하다'고 분명하게 전달해야 한다. 부하 직원은 의기소침해질 수 있다. 하지만 실력 부족은 사실이기 때문에 하는 수 없다. 오히려 그 말을 계기로 성장하기 위해 노력할 줄 알아야 제 몫을 하는 어엿한 한 사람으로 성장할 수 있다. 그렇다면 다소 가혹하더라도 현실을 직면하게 만드는 것이 진정 상대를 위하는 마음이 아닐까.

사람들은 왜 상대방에게 상처를 주려고 하지 않을까?

자신이 상처받고 싶지 않기 때문이다. 상대방에게 상처를 줘서 자신이 나쁜 사람이라는 인상을 주고 싶지 않다. 상대방과의 충돌을 피하고 싶다. 그것이 진짜 동기라면 잘못된 생각이다.

중요한 것은 목적이다.

"고객들이 기뻐할 상품을 만들고 싶다."

"부하 직원이 성장했으면 좋겠다."

이처럼 정당한 목적을 달성하기 위해서 필요한 일이라면, 상대방에게 어떤 인상을 주든지 상관하지 말고 솔직하게 전달할 줄 알아야 한다. 그것이야말로 진정한 의미에서 비즈니스맨의 진지한 자세다.

19

우수한 사람일수록 '싸움'을 하지 않는다

'승패'에 얽매이는 사람은 무익한 사람

솔직하게 전하는 기업문화.

이것을 나는 곳곳에서 권장한다.

그러면 반드시 나오는 질문이 있다.

"사내에서 충돌이 늘어날 텐데, 큰일이지 않습니까?"

당연한 질문이다. 실제로 처음에 솔직하게 말하기 시작했을 때는 사내에서 수시로 다툼이 일었다. 모두가 각기 자신의 '실력'에 자신이 있는 사람들이었다. "그 방법은 틀렸다", "이런 품질은 안 돼" 등의 말이 오고 가며 사소한 분쟁이 빈번하게 일어났다.

우리는 그 사태를 방치했다. 굳이 중재하려고 하지 않았다. 서로 납득하지 못했는데 무작정 좋은 게 좋다며 수

습하는 일은 무의미하다고 생각했기 때문이다.

  그러다가 재미있는 사실을 발견했다.
  우수한 사람일수록 싸우지 않는다는 점이다.
  그들도 사람이다. 울컥해서 화를 내기도 한다. 그러면 싸움이 일어나지만 금방 깨닫는다. 그들은 '좋은 상품'을 만들고 싶다는 생각을 가지고 일하기 때문에 싸우는 시간도 아깝다. 싸움에 시간을 허비하는 것이 어리석다는 사실을 깨닫는 것이다.
  그러고 나면 싸움을 멈추고 논의하기 시작한다. 어느 쪽 의견이 고객들에게 유익할까? 판단 기준은 오직 그 한 가지다. 자신과 상대방의 의견을 각기 제시하면서 한층 설득력이 있는 쪽을 수용한다. 또는 양측 의견이 부딪침으로써 더 좋은 아이디어가 창출된다. 자신이 납득할 만한 결론을 얻으면 그 결론을 토대로 최선을 다한다. 그런 건설적인 논의를 시작하는 것이다.

한편 한없이 싸움을 계속하는 사람도 있다.

'승부'가 날 때까지 한 치의 양보도 없다. '내가 옳다'는 점을 상대방이 인정할 때까지 싸움을 계속한다.

왜 그렇게 될까? 나는 가만히 관찰했다. 그리고 알았다. 그들은 자신을 위해서 싸우고 있었다. '내가 옳다'는 사실을 지키기 위해서 상대방을 공격해야 한다. 결코 고객들을 위해서 싸우지 않는다. 결국 그들은 '좋은 상품'을 만들고 싶다는 생각이 없는 것이다. 즉, 자신을 위해서 일하고 있다.

우수한 사람들은 '내가 옳다'고 고집하는 사람을 상대하지 않게 된다. '좋은 상품'을 만들고 싶다는 생각이 없는 사람과 아무리 충돌해도 시시한 '승부'만 겨루게 될 뿐이다. 가치 있는 것은 전혀 탄생하지 않는다. 그리고 '좋은 상품'을 만들고 싶은 사람들만 모여서 뛰어난 상품을 만든다.

그렇게 사내에서 자연 도태가 시작됐다.

싸우는 사람은 '자신을 위해서 일하기를 그만두느냐',

'회사를 떠나느냐' 자연히 양자 선택의 기로에 놓이게 되었다.

지금도 라인 주식회사에 새로 들어온 사람들은 약간 놀라는 모양이다.

사원들 간에 속내를 있는 그대로 말하면서 논의하기 때문이다. 하지만 싸움과는 전혀 다르다. 설령 좀 심하다 싶은 의견을 들어도 자신을 공격하려는 의도가 아니라는 것을 서로가 알고 있다. 고객을 위해서 진지하게 '답'을 찾고 있는 것이다. 거기에는 서로 '좋은 상품'을 만들기 위해서 일하고 있다는 신뢰가 깔려 있다. 이 신뢰가 탄탄하게 작용하고 있기 때문에 솔직하게 말하는 문화가 효과적으로 기능할 수 있다. 더 좋은 상품을 창출하는 원동력이 된다.

반대로 신뢰관계가 없는 회사에서 솔직하게 말하는 문화를 추진하는 것은 아주 위험하다. 왜냐하면 자신을 위해서 일하는 사람들이 서로 짓밟으려고 하기 때문이다.

결국 회사에 모인 사람들이 '무엇을 위해서 일하는가?' 하는 점이 중요하다. 이것이 '어떤 회사인가?'라는 것을 말하기 때문이다.

20

'인사평가'는
심플함이 최고다

복잡하게 할수록 불만이 커진다

라인 주식회사의 인사평가는 지극히 심플하다.

이른바 360도 평가다. 사원 개개인이 각각의 상사, 동료, 부하 직원들로부터 다각도로 평가받는다. 그리고 '없어도 된다'고 평가된 사람에게는 개선을 요구한다. 아주 심플한 방법이다.

사실 라인이 탄생하기 이전에는 아주 복잡한 인사평가 시스템을 갖추고 있었다. 일단 수십 가지나 되는 항목을 5단계로 나눠 자기평가를 한다. 그것을 상사가 재평가해서 합산점수를 낸다. 그다음, 상사는 부하 직원과 면담해서 평가 결과를 전달한다. 인사평가에 대한 불만이 사내의 사기에 커다란 영향을 미친다는 생각에서 만든 정밀한 평가 시스템이다.

하지만 평판이 아주 나빴다.

우선 수고를 너무 많이 해야 했다.

현장 사원들도 수십 항목이나 되는 평가표를 기입해야 하기 때문에 보통 일이 아닌데, 무엇보다 관리 쪽에 부하가 걸렸다. 뿐만 아니라 다른 부서에서도 상황에 따라 한 달 정도 인사평가에 매달려야 하는 상사가 생겼다.

더구나 사원들의 만족도가 낮았다. "이 항목은 1이지만, 이 항목은 3이네. 합계 얼마니까 분발하게"라는 말을 들어도 전혀 와 닿지 않았다. 구체적으로 무엇을 어떻게 해야 할지 알 수 없었다.

그보다 이 평가 시스템을 공략하려는 사원들이 더 문제였다.

예를 들어 일은 별로 열심히 하지 않지만 유난히 상사와 술자리를 자주 가지려는 사람이 있다. 그러면 상사도

'커뮤니케이션 능력'의 항목을 높게 평가한다. 한편 진지하게 일을 마주하며 성과도 내지만, '술자리'에 어울리지 않는 사원의 '커뮤니케이션 능력'은 낮게 평가된다.

그런 평가에 수긍하는 사람은 없다.

평가 시스템이 복잡할수록 공략법은 많아지기 때문에 성과를 내는 사원들의 불만이 커지는 본말전도의 상황이 발생했다.

실로 악순환이었다.

많은 시간을 들여서 불만을 조성하는 시스템이었던 것이다.

우리는 생각했다.

'애당초 평가란 뭘까?' 하고.

우리는 날마다 주변 사람들에게 평가받는다. 신뢰를 받게 되면 이것저것 부탁도 받고, 의논 상대도 된다. 반대로 아무도 부탁하는 사람이 없으면 좋은 평가를 받지 못하고 있다는 의미다.

라인 주식회사는 언제나 솔직하게 말하는 조직 문화이기 때문에 좋게 평가되지 않는 사람에게 자못 좋게 평가하는 듯한 말은 하지 않는다. 분명하게 사실을 밝힌다. 그렇다면 인사평가에서도 사실을 심플하게 전하면 되지 않을까? 그렇게 현재의 인사평가 시스템이 탄생했다.

물론 '필요 없다'는 평가를 받으면 충격을 받는 사람도 있을 것이다. 하지만 평소에 그 사실을 알아채고도 성장하기 위해 스스로 노력을 하고 있지 않다면 오히려 이상한 일이다.

만약 아무것도 알아채지 못했다면 인사평가를 계기로 분명하게 그 사실을 전달한다. 그리고 분발하게 만들어야 진정 그 사람을 위하는 것이 아닐까?

21

회사는
'학교'가 아니다

'주체성'을 교육하는 것은 불가능하다

회사는 학교가 아니다.

당연한 말이다.

회사는 일을 하는 곳이지, 교육기관이 아니다.

그래서 라인 주식회사에서는 교육이나 연수는 실시하지 않는다. 입사 면접에서 "어떤 연수제도가 있습니까?"라는 질문을 받으면 '이 사람, 뽑아도 될까?' 하고 망설여지곤 했다.

실은 NHN 재팬 주식회사에서도 교육연수제도를 실시한 적이 있었다. 사원들의 기술 향상을 위해서 아주 충실한 프로그램을 준비했다. 그런데 얼마 안 되어 어처구니

없는 사실을 알게 되었다.

의욕이 있는 사원은 참가했지만, 의욕이 없는 사원은 불참했던 것이다. '기껏 실시하고 있으니까……' 하며 의욕 없는 사람을 억지로 참가시킨다 해도 성과는 오르지 않는다. 하려는 마음이 없기 때문에 당연하다.

반대로 의욕이 있는 사람은 자신에게 필요하다고 생각하면 혼자 자율적으로 공부를 시작한다. 상사에게 묻거나 책을 읽기도 하고, 학교를 다니기도 하면서……. 그렇다면 회사는 사원들의 자발적인 학습을 자금 면에서 지원하는 편이 좋다. 그렇게 결론을 내렸다.

나는 '교육'이라는 말을 별로 좋아하지 않는다.

'교육을 받다'라는 말처럼 '수동적인 자세'를 함축하고 있기 때문이다. 물론 어릴 때는 살아가는 데 있어서 최소한도로 필요한 지식이나 교양을 교육받을 필요가 있다.

그런데 사회인이 되어서도 '교육을 받는다'라는 의식을 가지고 있는 점은 이해되지 않는다. 회사에 들어가는 목적은 그 회사에서 무언가 실현하고 싶은 것이 있기 때문이다. 우리는 그 '생각'에 공감할 수 있는 사람만 채용해왔다. 그래서 당연히 '공부하고 싶다', '성장하고 싶다', '배우고 싶다'라는 주체성이 있어야 한다. '수동적인 자세'로 있는 사실 자체가 의아하다.

일은 주어지는 것이 아니라 스스로 만드는 것이다. 즉, 모든 밑바탕에는 주체성이 깔려 있다는 의미다. 주체성이 없으면 절대로 일을 잘할 수 없고, 크게 활약할 수도 없다.

회사에 '교육'을 요구하는 사람은 그 관점에 문제가 있다. 그런 사람들이 하는 말이 있다.

"내가 성장하지 못하는 것은 회사가 교육을 시켜주지 않아서다."

그들은 '교육'을 구실로 삼고 있을 뿐이다.

그런 구실을 용인하지 않기 위해서라도 회사는 최대한 '교육'이라는 말을 사용하지 않는 편이 좋다.

오히려 그들에게는 '교육'이 해악이 되지 않을까? '주체적이 되는 것'은 교육할 수 없기 때문이다.

그보다는 '나한테는 부족한 게 있어', '이대로는 아무도 나를 필요로 하지 않아' 하고 문제를 깨달을 때까지 내버려두는 편이 좋다.

그 사실을 깨달았을 때 비로소 사람은 진지하게 배우기 시작하기 때문이다.

그 이외에 주체성을 익히는 방법은 없지 않을까?

22

'동기부여'를
향상시키지 않는다

의욕 없는 사람은 프로 실격

부하 직원의 동기부여를 향상시킨다.

그것이 상사의 중요한 역할이라고들 말한다.

나는 몹시 의문이 든다. 기업은 프로페셔널을 채용하고 있기 때문이다. 동기부여를 향상시키기 위해 회사나 상사의 도움이 필요하다면 그 사람은 프로로서 실격이다. 오히려 그것이 상식인 양 말하는 것은 사회 전체가 점점 유치해지고 있다는 증거가 아닐까.

스스로 먼저 배우려거나 행동하려는 마음이 없는 사람은 책임감 있는 일을 할 수 없고, 새로운 것도 창출할 수 없다. 본래 회사는 의욕이 있는 사람들이 모여서 때로는 서로 부딪치기도 하며 '좋은 상품'을 세상에 내보내는 곳이다.

 물론 열정을 쏟은 일에서 성과를 내지 못해 프로젝트 리더의 자리를 내놓거나 프로젝트 자체가 중지되었을 때에는 누구나 일시적으로 동기부여가 떨어지기도 한다.
 나도 그동안 회사에서 필요하다고 판단했을 때에는 리더의 강등이나 프로젝트 중지를 사원들에게 전달해왔다. 그럴 때 상대방을 납득시키는 요령 따위는 없다. 경영진의 '생각'을 성심성의껏 전달한다. 그리고 새로운 도전이 얼마나 중요한지 진심을 담아 설명한다. 그런 식으로 사원들과 진지하게 마주할 수밖에 없다.
 그래도 그들이 동기부여를 잃으면 어쩔 수 없다. 비즈니스는 결과가 전부다. 사원들의 동기부여를 배려한다는 이유로 성과가 나오지 않는 프로젝트를 계속할 수는 없다. 좋은 결과를 내지 못하는 프로젝트에서 제외되었다고 동기부여가 낮아진다면 애당초 그 사람은 진정한 의미에서 프로페셔널이 아니라고 판단할 수밖에 없다. 가혹하지만 이것이 비즈니스의 현실이다.

   그뿐만이 아니다.
   더 큰 문제는 동기부여를 향상시켜야 하는 사람이 우수한 사람들을 방해한다는 점이다.
   대기업에 다니는 사람에게서 관리직은 피곤하다는 이야기를 자주 듣는다. 부하 직원을 교육하고 평가해야 하며, 결재서류는 산더미처럼 밀려들고, 경영진들에게 필요한 보고서도 작성해야 한다. 또 부하 직원의 동기부여까지 향상시켜야 한다. 고객과 아무 관계없는 잡무에 시달리고, 일이 넘쳐 집에서까지 일하는 상황이 이어지면, 누구나 완전히 지치게 된다. 결국 '고객을 위해서'라는 뜻을 단념한다. 이는 우수한 사람들을 잘못 활용하고 있기 때문이다.
   기업의 주력 사원인 우수한 관리직에게 동기부여 향상이 필요한 부하 직원을 맡기는 것이 생산적인 일일까? 기업의 입장에서도 관리 비용의 상승을 초래할 뿐이다.

애당초 그런 사원들을 끌어안고 있다는 사실에 문제의 본질이 있다.

좋은 성과를 창출하려면 우수한 사람이 불필요한 일에 정신을 분산시키지 않고, 빠르게 움직일 수 있는 환경이 중요하다. 결론은 가치를 창출하지 않으면서 우수한 사람을 방해만 하는, 동기부여가 낮은 사원은 필요 없다는 것이다.

따라서 사원들의 동기부여를 향상시킬 필요는 없다.

동기부여는 회사나 상사의 문제가 아니라 사원 개개인의 문제다.

초원의 야생동물들이 '요즘 영 동기부여가 안 되어서……'라는 생각을 할까? 그럴 리가 없다. 그들은 오로지 필사적으로 살아가고 있다. 회사에서 일하는 것도 그와 마찬가지가 아닐까?

심플을 생각한다

제4장

'높은 사람'은 필요 없다

23

'높은 사람'은
필요 없다

진정한 리더는 자신의 꿈으로 사람을 움직인다

사장은 높은 사람이 아니다.

나는 그렇게 생각한다. 딱히 선언한 것은 아니지만 함께 일하는 모두가 나와 같은 생각이었을 터다. 사내를 돌아다녀도 나를 알아보지 못하는 사람도 있다. 딱히 인사를 해오지도 않는다. 그렇더라도 아무 문제될 것이 없다.

나는 사업이 순조로운 부문에 대해서는 기본적으로 참견을 하지 않는 주의다. 순조로울 때는 참견을 하기보다 해당 조직에 권한이양을 더 많이 한다. 그 편이 속도도 빨라지고 사업도 원활해지기 때문이다. 하지만 순조로운 부문이라도 간혹 현장 일에 작은 의문이 생길 때도 있다. 그럴 때는 라인으로 '왜 그렇게 하죠?' 하고 메시지를 보내기도 한다. 물론 '지금 좀 바빠서요, 나중에 부탁드립니다'라는 답신을 받고 그냥 넘어간 적도 있다.

그 정도면 충분하다. 오히려 내가 무슨 말을 함으로써 우왕좌왕하는 편이 훨씬 불안하다.

라인 주식회사는 대개 '좋은 상품을 만들고 싶다'는 사람들이 많이 모여 있기 때문에 '높은 사람'은 오히려 방해가 될 뿐이다. 그들은 '높은 사람'이 아니라 '굉장한 사람'에게 흥미가 있다. 즉, 자신보다 '좋은 상품'을 계속 만드는 사람이다.

사장이 '좋은 상품'을 만들고 있다면 이야기가 달라지지만, 그렇지 않으면 기본적으로 사장에게는 흥미가 없다. 나도 젊은 시절에는 '사장이 잘난 척하면 일하기 쉽지 않을 텐데……'라고 생각했다. 오히려 우수한 사람은 권위를 싫어한다. 만약 내가 잘난 척을 했다면 우수한 사람부터 차례로 그만두었을 것이다.

그런데 의문이 있다.

나는 '높은 사람'이라는 것에 어떤 의미가 있는지 잘 모르겠다.

'높은 사람'은 어떤 인물일까? 권한, 권력, 권위 등의 힘을 등에 업고 아랫사람을 움직이게 하는 인물이다. 하지만 본질적인 의미에서 그것이 리더십이라는 생각은 들지 않는다.

부하 직원은 하는 수 없이 따르고 있기 때문이다. 그러면 팀의 능력을 끌어내지 못한다. 모두에게 '변명거리'만 제공할 뿐이다. "사장님이 그렇게 말씀하셔서", "임원회의에서 그렇게 결정되어서" 등과 같은 생각을 가지고 프로로서 일을 할 수는 없다.

리더십이란 무엇일까?

리더란 '꿈'을 말하는 사람이다.

"고객들은 이런 걸 원하고 있다. 그래서 이걸 실현시키자", "고객들에게 이런 가치를 제공하자"라고 말한다. 문제는 그 말에 주변 사람들이 공감할 정도의 설득력과 열정이 있는지에 대한 유무다. 혹은 각오일 수 있다. '나 혼자서라도 해낸다.' 이런 각오가 모두의 공감을 모으고, 실제로 '꿈'을 실현하는 하나의 팀을 낳기도 한다.

그 팀을 움직이는 원동력은 멤버들이 자발적으로 '꿈'에 공감하는 것이다. 그들은 '높은 사람'의 지시에 따르는 것이 아니라, '꿈'을 실현하기 위해 각자의 영역에서 자신이 가진 능력을 충분히 발휘하려고 한다. 그리고 진정한 리더는 자립한 멤버의 선두에 서서 팀을 이끄는 사람이다.

리더십을 익히기 위해 반드시 '높은 사람'이 될 필요는 없다. 물론 권한이 필요 없다는 말이 아니다. 조직 운영상, 권한은 불가결하다. 다만 권한을 등에 업고 사람을 움직인다면 리더의 본질이 아니라는 의미다. 자신의 '꿈'으로 사람을 움직이게 할 수 있는가? 이 한 가지가 리더십의 본질이다.

사원이 그런 리더십을 지니고 있다면 그 회사는 강하

다. 그러므로 우선 사장인 내가 '높은 사람'이 되어서는 안 된다.

오히려 '높은 사람'이 되면 위험하다.

만약 사장이 권력이나 권한에 안주하여 세상의 움직임이나 고객들의 니즈, 또는 현장의 최전선에서 고객들과 마주하는 멤버들의 의견을 무시하고, 회사를 그릇된 방향으로 이끈다면……. 상상만으로도 무서운 일이다.

24

'통제'는
필요 없다

현장이야말로 최고의 의사결정자

현장이 전속력으로 달리고 있다.

그때 리더에게 무엇이 요구될까?

적확하고 빠른 의사결정이다. 리더의 의사결정이 늦으면 현장은 업무를 중단할 수밖에 없고, 불필요한 욕구불만이 쌓인다. 게다가 의사결정이 적확하지 않으면 조직 전체가 '길'을 잘못 들게 된다.

적확하고 빠른 의사결정을 하려면 어떻게 해야 할까?

내 대답은 심플하다. '개수'를 추리면 된다.

의사결정에는 두 가지 방법이 있다.

하나는 스스로 결정한다. 그리고 또 하나는 '결정하는

사람'을 정한다. 이 두 가지다.

라인 주식회사에는 다양한 사업영역이 있다. 나는 평범한 사람이기 때문에 모든 일에 정통할 수 없다. 그런데도 모든 영역에서 의사결정을 하려고 하면 '질'과 '속도'가 모두 떨어질 수밖에 없다. 그래서 직접 결정을 내리는 일은 최소한으로 추린다. 사장만이 가능한 소수의 의사결정에 집중하는 편이 바람직하다.

그리고 '결정하는 사람'을 정한다. 그 사업영역에 대해 나보다 잘 아는 사람에게 권한이양을 해서 모든 의사결정을 일임한다. 그 일을 과연 누구에게 맡길까? 그것이 리더의 가장 중요한 의사결정이다.

의사결정은 최대한 현장과 가까운 곳에서 내리는 편이 좋다.

그들이 고객들과 가장 가깝기 때문이다.

타깃으로 하는 고객들에 가까운 감성을 갖고, 항상 고객들의 마음을 생각하는 그들이 최고의 의사결정자임에

틀림없다.

거기에 현장의 고객들과 멀리 떨어진 사장이 잘난 척하며 나서도 의미가 없다. 예를 들어 나도 이제 '아저씨' 나이인데, 여고생을 대상으로 한 서비스의 디자인에 대해서 "이 빨간색은 좀 아닌 것 같은데?" 하고 말한다면 현장은 성가실 뿐이다. 현장에서 "못 해먹겠다"는 말이 나오게 된다.

권한은 현장에 위임한다. 그리고 자유롭고 맘껏 하게 내버려둔다. 물론 자유에는 책임이 수반되기 때문에 결과에 대한 책임은 져야 한다. 자유롭지만 냉엄하다. 그것이 현실이다. 하지만 그렇기 때문에 일에도 '열정'이 담긴다.

이는 전략적으로도 올바른 방법이다.

흥미로운 이야기를 들었다. 최근 군대 지휘명령 체계가 크게 변하고 있다고 한다. 예전에는 전 세계의 군대가 엄격한 중앙통제를 시행했지만, 요즘은 현장에 권한을 이양하는 추세다. 이유는 명확하다. 게릴라전, 국지전이 중심이 되고 있기 때문이다. 전쟁터마다 사정은 완전히 다르다. 중앙통제로는 도저히 대응할 수 없다.

이것이 현대의 비즈니스에도 적용되지 않을까?

왜냐하면 고객들의 니즈가 다양해지고 있기 때문이다. 이른바 사업영역별, 상품별로 국지전을 펼치고 있는 것과 같다. 각기 고객들이 다르고, 니즈도 다르다. 당연히 제작자에게 요구되는 감성도 모두 다르다. 그렇다면 판단은 현장에 맡겨야 한다. 중앙통제는 의미가 없다.

그래서 내가 할 일은 '결정하는 사람'을 잘 정하는 것이다.

그 사람에게 모든 것을 맡기고 참견하지 않는다.

참견을 한다면, 그만두게 할 때다. 만약 '결정하는 사람'을 바꿔도 성과가 안 나오면 어떻게 할까? 그때는 내가 책임지고 그만둔다.

이야기는 아주 심플하다.

25

비즈니스에
'정'은 필요 없다

'호의에 기대는 구조'를 만들지 않는다

경영은 심플하다.

사장이 특정 분야에서 자신보다 잘 아는 사람을 데리고 온다. 그리고 그 분야의 일을 부탁한다. 그러다 순조롭지 않으면 '사람'을 바꾼다. 순조로울 때는 바꾸지 않는다. 프로젝트의 존폐도 마찬가지다. 결과가 좋으면 인원을 늘리고, 안 좋으면 줄인다. 경우에 따라서는 해산한다. 그렇게 밀고 나갈 수밖에 없다.

"회사가 잘 안 돌아가……."

종종 그런 말을 듣는다. 회사가 잘 안 돌아가는 이유는 분명하다. 결과가 안 좋은 프로젝트는 숫자가 나타내고 있기 때문이다.

축구도 마찬가지다. 연패를 하는 축구팀이 있다고 가정하자. 패인을 분석해보면 승리를 못하는 이유가 점수를 얻지 못해서인지, 점수를 빼앗겨서인지 알 수 있다. 점수는 얻고 있지만 더 많은 점수를 빼앗기고 있다면 수비 문제이기 때문에 수비수를 교체해야 한다. 반대로 수비는 잘하는데, 점수를 올리지 못한다면 공격수를 교체해야 한다. 승리를 위해서 다른 방법이 또 있을까?

그리고 남은 건 하느냐, 마느냐. 그것이 전부다.

하지만 이를 실행에 옮기기는 어렵다.

무엇이 문제일까? '정(情)'이 방해하기 때문이다. 그 사람을 강등시키면 불쌍하다. 그 프로젝트의 중지는 멤버들에게 잔인한 짓이다. 그런 생각 때문에 바꿔야 할 것을 바꾸지 못하고 상황을 질질 끌며 악화시킨다.

그것이 진정한 자상함일까?

내 생각은 다르다. 성과를 올리지 못하는 리더는 강등

해서 재기를 기약하게끔 해야 한다. 분함을 계기로 노력하면 반드시 실력이 생긴다. 그때 다시 기용하면 된다. 오히려 어중간하게 그 사람의 입장을 지켜주면 오히려 그가 노력할 수 있는 계기를 빼앗게 된다. 그 결과 그 사람은 성장하지 못할 뿐 아니라, 성과 없는 프로젝트를 그대로 방치함으로써 회사가 손해를 입는다. 최악의 경우에는 회사를 위기에 빠뜨린다. 그것은 결코 자상함이 아니다.

애당초 나는 '정'이라는 것에 의문이 든다.

실은 정을 내세워서 자기 자신을 지키려는 듯하다.

성과를 올리지 못하는 리더를 교체했는데도 결과가 같다면 사장이 책임지고 물러나야 하기 때문이다. 그 상황을 피하기 위해 부하 직원의 책임도 모호하게 한다. 본심은 그런 '호의에 기대는 구조'를 만들고 싶은 것이 아닐까? 사장이 본래 해야 할 일을 하지 않으면 문제는 복잡해질 뿐이다. 그렇게 해서 회사가 잘 돌아갈 리가 없다.

그래서 나는 항상 책임을 진다는 각오로 성과를 올리지 못한 리더를 강등시키거나 좋은 결과가 보이지 않는 프로젝트를 중단시키는 결단을 내렸다. 그때는 미움이나 원한을 사기도 했을 것이다. 그래도 어쩔 수 없다. 물론 사원들의 미움을 사면 사장은 임무를 제대로 수행할 수 없을 수도 있다. 하지만 사장의 임무는 사원들의 호감을 사는 것이 아니다. 사장은 사원들을 성장시키고, 기업을 성장시켜야 한다. 그러기 위해서는 설령, 가혹하더라도 비즈니스의 원칙을 심플하게 관철한다는 각오를 해야 한다.

한편 회사가 잘 돌아갈 때는 아무것도 바꿀 필요가 없다. 사장은 괜한 짓 말고, 현장에 모두 맡기는 것이 좋다. 그리고 그 상황이 유지되게끔 현장을 돌보고, 철저하게 권한이양을 유지한다. 오히려 회사가 잘 돌아갈 때는 사장이 필요 없다. 현장에서 "내버려두세요"라는 말이 나올 정도가 가장 적당하다.

그리고 비즈니스 환경이 급격하게 변하거나 회사에 위기감이 감돌 때, 그때 다시 사장이 앞장서서 사내를 바꾸면 된다.

26

'경영이념'은 명문화하지 않는다

형식화된 이념이 회사를 망친다

"귀사의 경영이념을 명문화하지 않겠습니까?"

컨설턴트가 그렇게 권해온 적이 있다.

회사를 경영하는 데 경영이념은 아주 중요하다.

'회사는 무엇을 위해 존재하는가?', '무엇을 위해 경영을 하는가?', '회사의 행동규범은 무엇인가?' 그러한 경영의 기본이 명확하게 정해져 있지 않으면 그릇된 판단이나 행동을 한다. 그리고 회사를 위기에 빠뜨린다. 그래서 나는 경영이념의 명문화 작업에 착수하기로 했다.

그런데 금방 덧없이 느껴졌다.

경영이념의 명문화 작업에 본질적인 의미가 있다는 생

각이 안 들었기 때문이다.

첫째, 지금 당장은 회사에 올바른 이념이라도 시대 변화에 맞지 않게 되거나 현실과 동떨어질 우려가 있다. 물론 그때는 이념을 적절하게 바꾸면 되겠지만, 변경 작업을 하는 사이에 시대에 뒤처질 가능성도 있다. 특히 인터넷 업계는 변화가 격렬하기 때문에 굳이 그런 위험을 감수할 필요가 없다.

물론 라인 주식회사에도 경영이념이 있다.

경영진부터 사원 개개인에 이르기까지 '유저가 정말 원하는 것을 제공한다', '사회를 풍요롭게 한다', '서비스로 유저를 행복하게 한다'는 생각으로 일을 한다.

이른바 라인 주식회사의 이념이다. 하루하루 일을 하는데 그 이념들이 살아 숨 쉰다면 굳이 명문화할 필요는 없지 않을까?

오히려 경영이념의 명문화는 위험할 수도 있다.

명문화함으로써 이념이 형식화되어버릴 우려가 있기

때문이다.

예를 들어 매일 아침, 경영이념을 사원들에게 소리 내어 외우게 시켰다고 하자.

여러분이 사원이라면 어떻게 생각할까? 평소 진지하게 일을 하는 사람일수록 그런 형식적인 의식이 어리석게 느껴지지 않을까? 어떤 사람은 '그런 의식보다 일을 하게 해줘'라며 외우기를 거부할 것이다.

그러면 무슨 일이 벌어질까?

그 행동을 나무라는 사람이 나타난다.

"왜 자네는 소리 내어 외우지 않지?"

"자네는 이 회사 사원답지 않군."

그처럼 형식적인 것으로 비난을 받으면 누구나 넌더리가 난다. 그리고 우수한 사람일수록 회사를 떠나버린다. 그러면 본말전도다. 경영이념이 형식화되면 회사를 망칠 수도 있다.

결국 경영이념을 명문화하는 작업은 그만두었다.

중요한 것은 '형식'이 아니라 '실질'이다. 경영이념의 명문화에 의미가 있는 것이 아니라 사원 개개인이 이념을 공유하고 하루하루 업무 속에서 이를 실현시키는 데 의미가 있다.

그러기 위해서는 그런 생각을 가진 사람들을 채용하고, 고객들을 위해 아낌없이 노력하고 일하는 사원들을 소중히 여기는 것 이외에 무엇이 있을까? 경영이념을 매일 외우게 하거나 근사한 액자에 넣어서 벽에 걸어둔다고 해서 사원들에게 이념이 침투되지는 않는다. 오히려 그로 인해 이념이 형식화되는 것이 훨씬 무서운 일이다.

27

'비전'은
필요 없다

미래를 예측하기보다 눈앞의 일에 집중한다

"이 회사의 비전은 뭡니까?"

"중장기 전략은 어떻습니까?"

그동안 사원들에게는 물론, 언론 매체로부터 몇 번이나 받은 질문이다.

그때마다 내 대답은 한결같았다.

"알기 쉬운 비전은 특별히 없습니다."

그러면 일부 사원들은 불안한 얼굴을 했고, 언론 매체는 유감스러운 얼굴을 한다. 좀 미안할 정도다. 하지만 없는 것은 어쩔 수 없다. 오히려 "왜 비전이 필요합니까?" 하고 되묻고 싶었다.

최근 '비전 경영'의 중요성이 지적되고 있다.

'비전'이란 무엇일까? 경영이념을 바탕으로 기업이 목표로 하는 모습을 중장기 계획 같은 '눈에 보이는 형태'로 제시하는 것, 즉 '미래를 제시한다'는 것이다. 그것이 마치 경영의 책무인 양 말하고 있다.

과연 그럴까?

'미래'는 아무도 알 수 없다. 알 수 없는 것을 명문화하기는 어렵다. 특히 지금 세상은 변화가 격렬하다. '알 수 없는 일'을 자못 아는 듯이 말하는 편이 훨씬 무책임하지 않을까?

나도 지난 업무를 돌아보면 역시 '미래는 알 수 없다'고 말할 수밖에 없다. 한게임 재팬 주식회사에 들어갔을 무렵, 우리는 컴퓨터용 온라인 게임에서 넘버원이 되기 위해 열심히 노력했다. 그런데 피처폰이 등장하고, 이어서 스마트폰이 등장했다. 그런 미래를 예상이나 했을까? 물론 하지 못했다. 하물며 라인이 세상의 수억 명에게 이용되는 서비스가 되리라고는 예상해서 가능해진 일이 아니다.

이것이 비즈니스의 현실이 아닐까?

그렇다면 오히려 비전은 내걸지 않는 편이 낫다.

그것에 얽매일 수 있기 때문이다. 예를 들어 피처폰에서 넘버원이 된다는 비전을 내걸면 스마트폰이 등장했을 때 한 박자, 두 박자 움직임이 둔해진다. 회사가 내건 비전을 따르던 사원들을 다시 설득해야 하고, 새로운 비전을 만들어야 하는 수고도 든다. 그런 일에 시간을 들이는 사이에 시대 변화에 뒤처지게 된다.

변화의 시대를 살아남으려면 한시라도 빨리 자신이 변화해야 한다. 방해가 되는 것을 굳이 만든다는 것은 아무 의미가 없다. 알 턱이 없는 '미래'를 예측하는 작업은 회사에게 쓸데없는 일이다. 그보다 '눈앞'의 니즈에 부응하는 일에 집중한다. 그리고 항상 그 니즈에 변화의 조짐은 없는지 민감해지는 것이 중요하다.

사람들은 왜 비전을 추구할까?

누군가 미래에 대한 '전망'을 제시해주기를 바라기 때문이다. '앞으로 어떻게 될지 모른다'는 불안감을 누군가가 해결해주었으면 한다. 회사에서 비전을 제시함으로써 안심하고 싶은 것이다.

하지만 그것은 정말 위험하다. 왜냐하면 위기감을 잃게 되기 때문이다. 사람은 불안하기 때문에 예민해진다. 그래서 고객들의 변화에 민감하게 반응할 수 있고, 여차할 때 누구보다 빨리 대응할 수 있다. 그런 야성적인 감각을 연마하는 일이 서바이벌 능력으로 이어진다. 그리고 그런 사원들이 많은 회사가 이 변화의 시대에 살아남을 수 있다.

28

'전략'은
심플해야 한다

이해하기 어려운 메시지는 현장에 혼란을 가져온다

경영은 '얼마나 알기 쉬운지'가 중요하다.

내가 경영에 종사하면서 배운 것 중 하나다.

'이것도, 저것도 중요하다'면서 이해하기 어려운 메시지를 발신하면 현장은 혼란에 빠진다. 가장 중요한 것만 심플하고 알기 쉽게 전달한다. 이는 조직력을 최대한 발휘하기 위해 아주 중요하다. 원래 전략이란 그런 것이다. '이것도 하고, 저것도 한다'는 전략이 아니다. 소수의 몇 가지로 추리는 것이 전략이다.

나는 한게임 재팬 주식회사에 들어갔을 무렵에 그 사실을 통렬하게 배웠다.

니혼텔레비전 시절에 MBA를 취득한 나는 다양한 경영지표나 분석방법을 사용해서 전략을 입안했다. 스왓(SWOT)분석, ROA(총자산수익률), ROE(자기자본이익률)……. 그런데 아무도 이해하지 못했다. 아니, 이해하려고도 하지 않았다. 당연한 일이다. 그들은 게임 제작의 프로다. 애당초 그런 것에 관심이 없다. "그보다는 '좋은 것'을 만드는 게 중요하지 않아요?" 그 말에 정신이 번쩍 들었다. 그야말로 정론이었기 때문이다.

'경영학'을 배우면 여러 가지 지식이 쌓인다.

지식은 경영자에게 아주 중요하다. 하지만 현장과 그 지식을 공유하는 것은 의미가 없다. 오히려 그들의 업무를 방해할 뿐이다.

레스토랑 경영을 상상하면 이해하기 쉽다. 예를 들면, 주방에서 일하는 셰프에게 다양한 경영지표나 분석결과를 전달하는 일에 의미가 있을까? 그런 것을 들여다보면서 여러 가지 생각을 하는 동안에 음식이 식을 뿐이다.

그보다는 "맛있는 음식을 만들어 달라"라고 분명하게 전하는 편이 낫다. 그 레스토랑이 잘 돌아가느냐, 마느냐. 그것은 결국 제공하는 음식이 얼마나 맛있는지에 달려있다. 맛있으면 손님들은 잘 먹을 테고, 맛없으면 다시는 오지 않는다. 단순하게 그뿐이다.

기업경영도 마찬가지다. 현장은 '맛있는 음식=좋은 상품'을 만드는 일에만 집중하면 된다. 다른 일들은 모두 불필요하다.

그래서 라인 주식회사의 전략은 단 한 가지다.

'어느 곳보다 최대한 빨리, 최고의 품질을 가진 상품을 내놓는다.'

현장의 리더들은 이 심플한 메시지를 사원들에게 되풀이했다. 그들은 이 전략에 확신을 가지고 있었다.

물론 상황마다 발신하는 메시지도 심플했다.

예를 들어 라인에 대박 조짐이 보였을 때는 '라인 사업에서는 매출은 상관없다. 유저들의 확대만을 생각한다'

라는 전략에 철저했다.

인터넷 비즈니스에서는 사용자 기반을 획득하는 일이 가장 중요하다. 사용자 기반이 커지면 나중에 반드시 비즈니스로 연결할 수 있다. 그래서 우선 매출은 도외시하고, 아무튼 유저들의 이익이 되는 일에만 집중해야 한다고 생각했다.

솔직히 경영자로서는 매출뿐 아니라 이익도 원한다. 하지만 '매출도 원하고, 고객도 늘리고 싶다'는 이율배반의 메시지를 전하면 현장은 혼란에 빠질 뿐이다. 그보다 '고객의 확대'에 전력투구하는 편이 좋다. 그래서 '매출은 상관없다'라는 메시지를 명확하게 발신했다.

그 결과 사원들은 압도적인 속도로 무료전화, 스티커, 게임, 공식 계정 등을 잇따라 개발했다. 그래서 라인을 전 세계에서 최고의 성장 속도를 자랑하는 서비스 중 하나로 만들 수 있었다.

29

지키면
공격하지 못한다

마음먹고 '과거의 성공'을 버린다

지키면 공격하지 못한다.

이것이야말로 변화의 시대에서 살아남는 '경영 철칙'이다.

'새로운 것'은 대부분 '오래된 것'을 부정하는 측면이 있다. 그런데 지금 잘나가는 기업들은 모두 '오래된 것'으로 성공했기에 지금이 있는 것이다. 그래서 어떻게든 '오래된 것'을 지키려다가 '새로운 것'에 적절하게 대응하지 못한다. 즉, 공격하지 못하게 된다.

그 사실을 통감한 적이 있다. 소니에 다닐 때의 일이다. 나는 한때 모바일 사업을 제안하는 부서에 소속되어서 모바일과 콘텐츠를 인터넷으로 연결하는 신규사업을 시작하려고 했다. 하지만 혹독한 현실을 목격했다.

당시 소니는 아이팟과 같은 아이디어를 가지고 제품화를 추진하고 있었다. 그런데 나는 자꾸 제품이 다른 방향으로 가는 느낌이 들었다. 왜냐하면 자사가 소유한 콘텐츠의 불법 복제를 막기 위해서 엄중한 기술적 제한을 걸려고 했기 때문이다.

물론 콘텐츠가 불법 복제되면 저작권자의 이익은 물론, 자사의 이익도 지킬 수 없다. 그렇다고 고객들이 원하지 않는 것을 만드는 것도 역시 옳지 않다. 결국 소니는 인터넷이라는 '새로운 것'에 잘못 대응하여 '지킬 것'이 없던 애플에게 패했다.

그런데 나는 또다시 같은 실수를 저질렀다. 한게임 재팬 주식회사가 컴퓨터용 온라인 게임에서 일본 최고가 되었을 무렵이다. 마침 피처폰용 게임의 니즈가 높아지고 있었다. 우리는 그 사실을 알아차리고 2004년에 피처폰용 게임 사이트를 개설했다. '모바게타운〔일본의 디엔에이(DeNA)가 운영하는 모바일 게임 사이트'이 2006년에 서비스를 시작한 것에 비하면 우리가 2년이나 앞서 있었다.

그런데 우리는 관점에서 실수를 범했다.

컴퓨터가 중심이고 피처폰은 그것을 보완한다고 생각했다. 요컨대 컴퓨터용 서비스를 '지키려고' 했다. 하지만 그것은 피처폰 유저들이 원하던 것이 아니었다.

그때 디엔에이와 그리(GREE, 일본의 모바일 게임 업체)가 끼어들었다. 그들은 피처폰에 특화된 게임 사이트를 연달아서 오픈했다. 그리고 대성공을 거두었다. 우리가 동일한 사이트 개설에 이른 것은 2008년. 시기적으로 늦었다. 이미 만회가 불가능했다.

실로 통한의 실패였다. 역시 성공을 버리기란 쉽지 않다. 매출 하락이 무섭고, 과거의 자산을 버리기도 아깝다. 그것들을 지키고 싶은 마음은 경영자로서 자연스러운 감정이다. 하지만 그 결과 변화에 잘못 대응하게 된다. 그렇기 때문에 강한 의지로 '오래된 것'을 버리겠다고 결심해야 한다. 그 사실을 나는 뼈저리게 배웠다.

이 실패 경험이 나중에 유용하게 활용되었다. 스마트폰이라는 '변화의 물결'이 다가왔을 때, 경영진 전원이 '리소스를 스마트폰에 집중한다'에 찬성했다. 타사보다 앞서서 스마트폰 유저에게만 집중하는 체제를 정비할 수 있었다.

때마침 기회가 왔다. 피처폰으로 성공하던 많은 회사들이 '지난 성공'을 지키려고 했기 때문이다. 그중 하나가 유저들의 아이디이다. 그들이 공개한 어플에는 피처폰과 공통된 아이디 인증이 필요했다. 하지만 그것은 유저들이 원하던 것이 아니었다. 귀찮았기 때문이다. 사실 그 어플은 다운로드 된 후에 실제 사용되는 비율이 아주 낮았다.

그래서 라인의 기획개발 멤버는 '전화번호부가 인간관계'라는 콘셉트하에 트위터나 페이스북 아이디는 물론, 동일 그룹인 한게임이나 네이버, 라이브도어(일본의 포털 사이트) 아이디도 없앴다. 대신 전화번호로 간단히 인증할 수 있는 심플한 구조를 구축했다. 이것이 라인이 널리

보급되는 한 요인이 되었다.

만약 경영진이 '지키려고' 했다면 어떻게 됐을까? 필시 나는 그들의 판단을 존중하지 못했을 터다. 그래서 나는 새삼 "지키면 공격하지 못한다"는 말을 깊이 새기고 있다. 언젠가 다시 찾아올 '커다란 변화'에 대응하기 위해서 그 말을 절대로 잊어서는 안 된다.

심플을 생각한다

제5장

괜한 일은 모두 그만둔다

30

'계획'은
필요 없다

계획이 있기에 변화에 약해진다

"사업계획은 필요 없다."

나는 항상 분명하게 말해왔다. 비전(중장기계획)이 없는 기업은 있지만, 연간계획이 없는 기업은 거의 없기 때문에 언제나 사람들은 놀라곤 했다. 물론 그 말이 일반론으로써 모든 기업에 적용되지는 않는다. 각 기업이나 사업마다 적합한 방식이 있다.

사실 내가 처음 NHN 재팬 주식회사 사장이 되었을 때에는 정교하고 치밀한 계획을 만들어서 사원들에게 철저히 주지시키려고 했다. 그것이 '경영의 상식'이라고 생각했다.

나는 니혼텔레비전과 소니라는 대기업에 근무했기 때문에 일본식 경영에 친숙했고, MBA를 취득하면서 미국식 경영도 배웠다. 그 양측에서 '사업계획'은 중요한 개념이었기 때문에 당연히 NHN 재팬 주식회사에도 그대로 적용해야 한다고 생각했다.

하지만 그것이 제대로 기능하지 못했다.

이유는 간단하다. 인터넷 세계는 변화가 아주 빠르기 때문이다. 수개월 뒤의 일도 정확히 예측하기 어렵다. 시장 환경이 바뀌면 계획을 변경해야 한다. 그 점이 사내에 불협화음을 낳은 것이다.

"사장은 변덕이 죽 끓듯 한다", "사장은 줏대가 없다" 등 계획을 변경할 때마다 일부 사원들이 비판하는 소리가 들렸다. "세상이 변하는데 어쩌겠어"라고 설명해도 좀처럼 이해해주지 않았다. 그 상황에서는 좀 난감했다.

사원들의 비판은 상관없지만 계획을 변경하는 데 시간이 걸리는 것이 아주 큰 문제였다. 우리 비즈니스에서는 얼마나 변화에 빨리 적응하는지가 가장 중요했기 때문이다.

라인이 탄생할 무렵, 심플한 해결법을 깨달았다.
'계획을 발표하지 않으면 된다.'
일본인은 '변화는 나쁜 것'이라는 이미지가 강하다. 그래서 계획 변경에 부정적으로 반응하는 사원들이 꼭 나타난다. 그렇다면 계획을 발표하지 않으면 된다. 그러면 계획이 변경되었는지 아무도 알아채지 못한다. 그러면 모두 행복해지고, 무엇보다 변화에 대한 저항이 없어지지 않을까 하고 생각했다.

따라서 엄밀히 따지면, '계획이 없지'는 않다.

다만 상세한 계획을 사내에 공표하지 않을 뿐이다. 사업 리더에게 달성했으면 하는 기준선을 전달할 뿐이다. 나중에는 각기 판단에 맡기기로 했다.

그렇게 말하면 반드시 나오는 질문이 있다.

"기준선을 설정해서 그것을 달성하면 현장에서 안심

하지 않을까요?"

당연한 질문이다. 그런데 라인 주식회사에는 '좋은 상품을 만들고 싶다'는 열의가 넘치는 사원들이 많이 있다. 그들이 주도권을 쥐고 있는 한 그러한 분위기가 발생할 염려는 없다.

더구나 그들은 누구보다도 유저나 시장 변화에 민감하다. 변화가 발생하면 누군가 말하기도 전에, 자신들의 판단으로 방향을 바꿔나간다. 오히려 계획이 있으면 그들이 변화를 시도할 때 방해할 사람들을 만들게 된다. 그렇다면 계획을 주지시키기보다는 그들에게 지휘를 맡기는 편이 낫다.

그리고 그들이 품질 높은 상품을 빨리 만드는 일에 집중하도록 돕는다. 그 상품을 유저들이 인정한다면, 자연히 목표로 한 숫자는 달성된다. 오히려 우수한 사원들이 계획에 얽매이지 않고, 자유롭게 능력을 발휘한다면 내 예상을 훨씬 웃도는 결과를 낼 것이다.

라인 주식회사에서 사장이 할 일은 계획을 철저히 주

지시키는 것이 아니다. '좋은 것을 만들고 싶다'는 생각을 가진 우수한 사원들이 주도권을 쥔 직장 환경을 지키는 것이 사장의 일이다.

31

'사무직'은
필요 없다

계획하는 사람과 실행하는 사람을 나누지 않는다

'사업계획'에 대해서 한 가지 더 언급하겠다.

바로 '계획하는 사람'과 '실행하는 사람'을 나눠서는 안 된다는 점이다.

대기업은 대개 '계획'을 세우는 일을 하는 사람, 이른바 '사무직'이라고 불리는 사람들이 있다. 그리고 매일 고객들과 마주하면서 열심히 '좋은 상품'을 만들기 위해 노력하는 현장 사람들보다 '사무직'이 권위를 갖는 경우가 많다. 그 사실에 나는 항상 의문이 있었다. 그로 인해 아주 큰 폐해가 발생하고 있기 때문이다.

가장 큰 폐해는 '사무직'이 권위를 가짐으로써 계획 달성이 목적이 되는 것이다.

가령 일정관리를 예로 들 수 있다. 제대로 된 공정관리가 갖추어져 있어 계획대로 생산이 가능한 업종이라면, 일정관리를 하는 일에 의미가 있다. 하지만 신상품을 개발하는 창의적인 일은 반드시 일정대로 진행되지는 않는다.

창의적인 일이란, '0에서 1'을 탄생시키는 것이다. 좋은 아이디어가 떠오르지 않으면 한 발자국도 전진하지 못한다. 애당초 '일정관리'가 불가능하다. 그럼에도 일정대로 진행하려고 하면 품질이 떨어질 수밖에 없다.

매출관리도 마찬가지다. 이대로는 연말에 계획한 매출을 달성할 수 없다. 그래서 품질이 낮은 상품이라도 무리해서 공개하려고 한다. 그렇게 되면 본말전도가 아닐까?

우리는 계획을 달성하기 위해서 상품을 만들어내지 않는다. 고객들이 행복해지는 상품을 만드는 것이 본래의 목적이다. '사무직'이 권위를 가짐으로써 이 본연의 모습이 일그러지는 것은 상당히 심각한 폐해다.

그뿐만이 아니다.

한 가지 더 중요한 문제가 있다.

왜냐하면 계획에는 실패가 없다. '사무직'은 계획을 세우고, 현장에 실행을 요구한다. 계획대로 되지 않으면, 모두 현장 책임이다. '사무직'에게 책임을 묻게 되는 일은 없다. 그렇기 때문에 이른바 '현명한 사람'일수록 '사무직'을 목표로 한다. 그 편이 '출세'를 향한 지름길이기 때문이다.

하지만 그것이 본질적으로 옳은 일일까? 나는 몹시 의문이 든다. 회사는 고객들이 기뻐할 상품을 만들어내는 일이 가장 중요하다. 그러기 위해 열심히 노력하는 현장 직원들이 가장 보상받는 조직이어야 하지 않을까?

그래서 라인 주식회사에는 이른바 '사무직'이 없다.

사업의 리더가 현장 직원들과 함께 어떻게 일을 진행할지 서로 이야기한다. 그리고 각 팀별로 계획을 공유한다. 그걸로 충분하다.

물론 문서화하지 않는다. 매일같이 팀에서 대화를 나누기 때문에 굳이 문서화하지 않아도 머릿속에서 계획은 공유되고 있다. 그리고 시시각각 상황은 변하기 때문에 계획을 문서화하는 일에 의미가 없다. 오히려 일일이 새로 작성하며 힘을 들이기보다는 상품 제작에 전력을 다하는 편이 낫다.

그렇게 해도 어떠한 문제도 발생하지 않을뿐더러, 오히려 바람직한 상황으로 연결된다. 왜냐하면 자신들이 앞으로 실행할 계획이라서 더욱 현실적이 되고, 직접 생각해낸 계획이기에 실행력도 수반되기 때문이다.

32

'구조'로는
성공하지 못한다

매뉴얼이 창의성을 망친다

이제는 '구조'로 성공하는 시대가 아니다.

나는 그렇게 생각한다.

동일한 것을 효율적으로 회전시키기 위해서 '구조'는 아주 효과적이다. 업무를 매뉴얼화, 표준화함으로써 누가 해도 동일한 결과를 낼 수 있다. 하지만 그런 비즈니스는 인건비가 낮은 중국이나 베트남과 같은 곳에서 동일한 '구조'를 도입하면 맞겨룰 수 없다. '구조'가 경쟁우위를 낳는 시대가 아니기 때문이다.

오히려 그런 비즈니스는 위험하다. 끊임없이 새로운 가치를 창출하지 않으면 살아남을 수 없는 시대이기 때문이다. 하지만 '구조'로 새로운 것을 창출하기란 불가능하다. 오히려 '구조화'하지 못하는 부분에서야말로 경쟁력의 원천이 있다.

라인 주식회사에는 매뉴얼이 거의 없다.

회사는 오로지 '그 어느 곳보다 빨리, 품질 높은 상품을 만들 것'을 현장에 요구한다. 디테일한 업무 스타일은 현장에 일임하고 있다. 아니, 매뉴얼화하지 못한다고 하는 편이 옳다. 크리에이티비티(창의성)는 완전히 그 사람에게 속해 있기 때문이다.

당연한 일이다. 예를 들어 작곡 방법을 매뉴얼화할 수 있을까? 절대 할 수 없다. 만약 가능하다면 누구나 베토벤이나 모차르트가 될 수 있다. 동서고금의 모든 작곡가들은 각자 자신만의 방법으로 곡을 써왔을 터다.

그와 마찬가지로 대박 상품을 낳는 방법은 십인십색(十人十色)이다. 매뉴얼 작성은 불가능하다. 신상품의 착상을 얻었을 때 곧장 시제품을 만들어야 발상을 넓힐 수 있는 사원이 있다면, 우선 기획서 형태로 콘셉트를 명확하게 언어화하는 일부터 시작하는 사원도 있다. 그 과정을 섣불리 매뉴얼화한다면 그들의 창의성을 구속할 뿐이다.

팀도 마찬가지다.

라인 주식회사에서는 팀별로 업무 방법이 완전히 다르다.

기획 담당자의 주도로 콘셉트를 정리한 뒤 그것을 바탕으로 디자이너와 엔지니어가 구체화하는 팀이 있는 반면, 디자이너와 엔지니어가 상품 만드는 것을 기획 담당자가 지원하는 팀도 있다. 모두 각 멤버들의 개성과 특성에 맞춰서 자연스럽게 형성되는 조합으로 이른바 생태계와 같다.

방법을 어떠한 '틀'에 끼워 맞추려고 할수록 팀은 창의성을 잃을 뿐이다. 경영에서 '구조화'라고 칭하며 괜한 짓을 해서는 안 된다. 방법은 어떻든지 간에 현장은 '좋은 상품'만 만들면 된다.

이 생태계는 어떻게 해야 탄생시킬 수 있을까?

방법은 유일하다. 성과를 내는 사람이 일하기 편한 환경을 소중히 하면 된다. 그들에게 조직의 방법을 강요하지 않고, 조직이 그들의 방법에 맞춘다. 팀에 따라서 그 방법이 달라도 모두 인정한다. 이 방법밖에 없다.

그리고 이 방법이 회사에 결정적인 경쟁력을 부여한다. 생태계는 '구조'처럼 제3자가 따라할 수 없기 때문이다. 그래서 '구조화'할 수 없는 부분에 경쟁력의 원천이 있는 것이다.

33

'규칙'은
필요 없다

속도를 방해하는 것은 모두 버린다

인터넷 업계에서는 속도가 생명이다.

웬만큼 기술적으로 차별화하지 못하는 한, 새로운 가치를 창출해도 금방 복제된다. 그 점을 전제로 업무 방법을 생각해야 한다. 그래서 새로운 가치를 창출함과 동시에 최고 속도로 꾸준히 개선해나간다. 그 속도가 경쟁사를 능가하면 추월당하는 일은 없다. 바로 인터넷 업계의 심플한 필승법칙이다.

속도를 올리려면 어떻게 해야 될까?

간단하다. 쓸데없는 일은 그만두면 된다. 즉, 모두 심플하게 하면 된다.

쓸데없는 회의, 쓸데없는 신청서, 시간이 걸리는 결재, 상사에게 일과 보고……. '정말 필요할까?'라는 시점에서 검증하면, 얼마든지 쓸데없는 규정을 찾을 수 있다. 그것들을 모두 제거하면 중요한 업무를 할 시간만 남는다. 당연한 귀결로 속도가 최대화된다.

가령 라인 주식회사에서는 프로그램 사양서를 작성하지 않는다. 권한이나 역할을 중시하는 회사라면 제대로 된 사양서를 작성하고, 미리 사전공작을 펼쳐서 회사의 간부들에게 모두 결재를 얻어야만 엔지니어와 디자이너가 움직일 것이다. 하지만 그로 인해 방대한 시간 손실이 발생한다.

라인 주식회사는 '야구형'이 아니라 '축구형' 경영을 하고 있기 때문에 엔지니어나 디자이너가 상품 콘셉트에 공감하면 굳이 사양서를 작성하지 않아도 금방 상품 개발에 착수할 수 있다. 권한이양도 하고 있기 때문에 현장의 리더가 그 자리에서 "하자!"고 결단을 내릴 수도 있다. 결정이 내려지면 곧바로 디자이너가 유저 인터페이스를 그리고, 그것을 바탕으로 엔지니어가 프로그램을 만들기 시작한다. 갑자기 달음박질을 시작하기 때문에 압도적으로 속도가 빨라진다.

그렇다고 단순히 사양서를 그만두는 방식으로 되는 것은 아니다. 권한이나 역할을 중시하는 문화를 남겨둔 채, 사양서를 중단하면 직장에는 혼란만 야기될 뿐이다. 권한이양이 되어 있지 않으면 현장에서 의사결정을 할 수 없기 때문에 상층부의 결재를 얻기 위한 시간 손실이 발생한다. 사양서를 그만두는 효과는 한정적이 될 수밖에 없다.

이는 사양서에 한정된 문제가 아니다. 회의, 신청서, 보고 등도 단순히 그만두는 것으로 업무의 속도가 오르지는 않는다. 경우에 따라서는 직장이 혼란에 빠지거나 반대로 비효율적이 된다. 그러한 '표면적인 현상'을 아무리 손봐도 근본적인 문제는 해결되지 않는다.

중요한 점은 '좋은 상품을 만들고 싶다'는 열정과 기술을 지닌 야성적인 공격수들에게 업무를 맡기는 것이다. 그들은 매일같이 고객과 시장을 마주하기 때문에 속도의 중요성은 그 누구보다 잘 알고 있다. 내버려둬도 최고 속도로 뛰기 시작한다. 조직은 그들에게 맞춘다.

권한이양을 하고, '축구형'으로 관리를 하며, 그들이 전속력으로 뛰는 데 방해되는 규칙도 제거한다. 그 결과 모든 것들이 유기적으로 얽혀서 조직 전체의 속도도 최대로 높아진다.

최하위 수준을 끌어올리면 조직력이 향상된다.

기존 조직론에서는 곧잘 주장하는 말이다. '별 볼 일 없는 사람들'의 성장에 주력함으로써 조직 전체의 수준을 끌어올릴 수 있다는 의미다. 과연 그럴까? 나는 의문이 든다.

오히려 공격수를 최고 속도로 뛰게 한다. 거기에 죽을힘을 다해 따라가려고 노력하기 때문에 사람은 성장할 수 있다. 그래서 나는 최고 속도에 맞추는 것을 경영 목표로 삼았다. 강한 회사를 만들기 위한 최고의 방법이라고 생각하기 때문이다.

34

'회의'는
하지 않는다

회의를 늘리는 '사람'을 배제한다

"잘 안 돌아가는 회사일수록 회의가 많다"는 말을 자주 듣는다.

나도 전적으로 동감한다.

해야 할 일에 집중하는 사람들이 많은 회사에서 좋은 결과가 나오는 것은 당연하기 때문이다. 회의로 가득 찬 일정을 보며 안심하는 사원들이 많은 회사에 미래가 있을 리가 없다. 나도 기본적으로 회의에 참석하지 않는다. 내가 참석하는 데 아무 의미가 없는 회의까지 참견하다 보면 일을 할 시간이 없어지기 때문이다.

라인 주식회사에서는 프로젝트나 서비스에 관한 현장 미팅은 빈번히 이루어지지만 쓸데없는 회의, 형식적인 회의는 없다. 중요한 것은 '회의를 했다'는 형식적인 사실이 아니라, 논의 내용과 의사결정의 질이다. 어지간한 안건이 아니면 메일로도 충분하다.

어떻게 하면 회의를 줄일 수 있을까?
우선 회의를 늘리려는 사람을 배제한다.
재미있는 이야기를 들은 적이 있다. 대기업에서 출세하는 방법이 있다는 것이다. '사무직'으로 일하며 회의에 최대한 많이 참석하면 된다고 한다.
성공 가능성이 높은 프로젝트를 재빨리 파악해서 그 회의의 의사록을 담당한다. 그리고 마치 자신도 프로젝트 성공에 공헌한 양 의사록을 작성한다. 만약 프로젝트의 형세가 수상해지면 자신에게 책임이 오지 않게끔 조정한다. 그렇게 자신의 '실적'을 만들어서 상층부에 어필하면 출세가 빠르다는 것이다.
농담 섞인 말이지만 있을 수 있는 이야기다. 실제로 회의를 좋아하는 사람 중에는 현장의 일선에서 고객들과 마주하지 않는 사람들이 많이 있다. 그들이 자신의 존재감을 발휘할 수 있는 곳이 회의인 것이다. 그래서 쓸데없는 회의를 만들어서 운영하는 것을 업무로 하기 시작한다. 또는 "컴플라이언스상에 문제가 있다", "계약 리스크가 있다" 등 현장에 참견함으로써 자신의 존재감을 드러낸다.

하지만 그런 행동은 상품에 집중하고 싶은 현장에는 실로 방해가 된다. 해악마저 된다. 일을 못하는 사람은 다른 사람 업무의 결점을 찾아서 문제점만 지적한다. 하지만 일이란 고객들에게 가치를 제공하는 것이다. 거기에 공헌하려고 하지 않는 사람 중에서 일을 잘하는 사람은 없다.

그런 사람은 무시하면 된다. 미팅을 할 때도 부르지 않는다. 그들은 차츰 사내에서 있을 곳이 없어진다. 머지않아 업무 방법을 바꾸든지, 회사를 떠나든지 선택해야 한다. 그러면 그들을 위해 열리던 쓸데없는 회의도 말끔하게 사라진다.

또 회의를 없애려면 권한이양이 중요하다.

나의 대기업 근무 경험으로 볼 때, 일반적으로 승진할수록 회의가 증가한다. 의사결정에 관여하는 기회가 늘어나기 때문에 어느 정도는 하는 수 없는 일이다. 하지만 회의를 전전하는 데 하루가 끝나서는 제대로 일을 할 수 없다.

그렇다면 권한이양을 하면 된다. 신뢰할 수 있는 부하 직원에게 권한을 넘겨주면 직접 회의에 참석할 필요가 없다. 그만큼 자신만이 가능한, 중요한 의사결정에 집중할 수 있다.

물론 중간관리직이 멋대로 부하 직원에게 권한이양을 하기는 어렵다. 그렇기 때문에 사장이 적극적으로 권한이양을 해야 한다. 그리고 부하 직원에게도 권한이양을 하라고 권한다. 사장이 스스로 솔선수범함으로써 권한이양을 회사 문화로 만들 필요가 있다.

그러면 자연히 회의는 줄어들 것이다.

'정보 공유'는 하지 않는다

쓸데없는 정보를 알면 쓸데없는 생각을 할 뿐이다

정보는 사내에서 공유해야 한다.

이 말은 이제 상식이 되었다. 회사나 부문별 중요과제, 목표나 실적 등을 사내에서 공유하도록 구조를 정비한다. 모두 그것이 경영의 책무라고 생각한다.

나도 예전에는 같은 생각이었다. 그래서 정기적으로 전사의 리더들을 모아놓고 정보를 공유하기 위해서 회의를 열었다. 어느 날 꾸준히 좋은 결과를 내던 우수한 리더가 말했다.

"이건 시간 낭비인데, 이제 일을 해도 되겠습니까?"

깜짝 놀랐다. 하긴 이 회의 시간에는 그저 전달과 보고만 할 뿐이다. 고객들의 가치에 연결되는 무언가를 창출하고 있지 않다. 그렇다면 가치를 창출하는 일에 집중하는 편이 낫다. 그야말로 정론이었다.

그래서 나는 이 회의를 그만두었다.

회사나 부문별 중점과제, 목표나 실적은 사내 데이터베이스에 공개하면 된다. 직책에 따라서 열람 가능한 정보에 제한은 두지만, 기본적으로 원하는 사람은 자유롭게 열람하면 된다. 그렇게 정리했다.

과연 무슨 문제가 일어났을까?

아무 일도 일어나지 않았다.

오히려 일에 집중할 수 있는 상황이 만들어졌다.

지금 나는 표면적, 형식적인 정보 공유는 필요 없다는 생각이다.

예를 들면, 부서별 매출 공유가 있다. 거기에 어떤 의미가 있을까? 만약 부서별 매출을 알고 성과가 오른다면 하면 된다. 하지만 그럴 리가 없다. 고객들과는 아무 관계가 없기 때문에 당연한 일이다. 그렇다면 그런 일은 신경 쓰지 말고, 당연히 눈앞의 일에 집중하는 편이 좋다.

오히려 그러한 정보를 공유함으로써 괜한 일에 신경을 쓰기 시작하는 사원이 나타난다. 옆 팀 매출은 얼마일까? 우리 팀은 얼마지? 그 팀은 얼마나 매출을 올려서 보너스를 얼마나 받을까? 괜한 일에 점점 신경이 쓰인다. 그런 사원 중에서 좋은 결과를 내는 사람은 거의 없다. 결과가 좋은 사람은 일에 집중하는 사람이다. 그들은 아예 다른 부문의 숫자에 흥미가 없다.

어쩌면 이런 의문을 품는 사람도 있을 것이다.

'다른 부문의 매출을 알면 사내에서 경쟁의식이 생기지 않을까?'

분명 옆 팀보다 매출을 올리려는 경쟁의식으로 사내 분위기가 활성화될 수 있다. 하지만 그것은 본질적일까? 고객들의 니즈에 부응하는 것은 업무다. 사내에서 경쟁하는 것은 업무가 아니다.

오히려 매출 경쟁에 빠져서 고객이 우선이라는 의식이

결여되고, 매출 우선주의가 만연해지는 것이 위험하다. 사원들 간에 건전한 경쟁의식을 갖는 것까지 부정하지는 않지만, 경영자가 일부러 사내경쟁을 조장하는 일에는 아무 의미가 없다.

비즈니스는 더 심플하다.

"좋은 서비스를 내놓으면 언젠가는 결과가 좋아질 것이다."

그 말을 믿고, 유저들에게 가치를 제공하는 데만 집중한다. 그것이 최단거리로 성공하기 위한 방법이다. 오히려 회사가 쓸데없는 정보를 공개함으로써 사원들이 눈앞의 일에 집중하지 못하는 상황을 만드는 것이 더 문제가 된다. 그래서 정보 공유는 필요 없다.

심플을 생각한다

제6장

혁신을 지향하지 않는다

36

'차별화'는
노리지 않는다

고객은 '차이'가 아니라 '가치'를 추구한다

'차별화'는 노리지 않는다.

나는 그렇게 생각한다.

왜냐하면 본질적이지 않기 때문이다.

차별화란 무엇일까?

사전에 따르면 '다른 것과의 차이를 두드러지게 하는 것'이라고 설명되어 있다. 즉, 다른 상품과의 차이를 두드러지게 함으로써 경쟁우위를 창출하려는 것이다. 다른 상품과 전혀 차이가 없는 상품은 존재의의가 없다. 대박 상품을 살펴보면 반드시 다른 상품과 눈에 띄는 차이를 찾아낼 수 있다.

그렇다고 차별화를 '노리는' 것이 반드시 옳지는 않다.

왜냐하면 차별화를 노리는 순간에 가장 중요한 시점을 놓치기 때문이다.

차별화를 생각할 때, 우리는 무엇을 볼까?

타깃으로 하는 상품과 경쟁기업이다. 거기에 고객들은 포함되지 않는다. 즉, 차별화를 추구할수록 고객들이 원하는 것에서 멀어질 우려가 있다. 고객들은 '차이'가 아니라 '가치'를 원한다. 자신에게 가치가 없으면 아무리 차이가 눈에 띄어도 돌아봐주지 않는다.

그 점은 인터넷 비즈니스의 역사에서도 알 수 있다.

예전에 야후나 라쿠텐(인터넷 쇼핑 등의 인터넷 서비스를 제공하는 일본의 기업) 등의 포털 사이트가 성공을 거두었을 무렵, 그와 유사한 서비스로 뒤쫓는 기업이 잇따라서 나타났다. 이른바 인터넷 거품이다. 하지만 그들의 서비스는 거품 붕괴와 함께 대부분 사라져 없어졌다.

그 이유는 무엇일까? 차별화를 노렸기 때문이다. 그들

은 야후나 라쿠텐 등의 선발기업과 차이를 두기 위해서 서비스나 기능을 더 많이 추가했다. 그 결과 고객들은 오히려 서비스를 잘 이해하지 못했고, 사용하기 어려워했다. 더구나 각기 서비스의 품질도 낮고 업데이트 속도로 늦어졌다. 결국 고객들의 지지를 얻지 못했다.

그런데 거품붕괴로 사라진 기업들을 넘어서 새로 성장한 기업이 있었다.

구글이나 페이스북 등의 후발기업이다.

그들은 무엇을 했을까?

선발기업의 가장 가치 있는 부분에 초점을 맞춰서 그 가치만을 심플하게 추구했다. 구글은 검색에 초점을 맞췄다. 야후가 제공하는 서비스 중에서도 유저들이 가장 원하는 것은 검색이라고 판단했다. 그리고 알고리즘을 개발함으로써 그 가치를 최대한 갈고닦아서 완성시켰다. 그 결과 그들은 압도적인 차별화를 손에 넣었다.

라인도 마찬가지다.

공개할 당시에도 세상에 라인과 유사한 서비스는 얼마든지 있었다. 기획개발 멤버들은 그것들을 모두 조사했다. 하지만 차별화는 노리지 않았다. 그저 서비스들의 이용 상황을 보면서 '스마트폰의 커뮤니케이션에서 유저들이 원하는 가장 중요한 가치는 무엇일까?'를 철저하게 생각했다. 그 결과 문자 메시지 기능에 초점을 두어서 심플하게 그것만을 갈고닦아 개발한 것이다.

차별화를 원한다면, 차별화를 노려서는 안 된다.

벤치마크한 상품 중 고객들이 가장 중요하게 여기는 가치에 초점을 맞춘다. 그리고 그 가치를 성실하게 갈고닦아서 완성한다. 그때 비로소 우리는 진정한 차별화를 창출할 수 있다.

37

'혁신'을
지향하지 않는다

눈앞의 니즈에 우직하게 대응한다

혁신(이노베이션)을 창출하고 싶다.

나도 깊이 공감하는 말이다.

그런데 혁신을 목표로 삼으면 오히려 멀어지는 듯싶다. 왜냐하면 자기본위이기 때문이다. '새로운 일을 하고 싶다', '그동안 하지 않은 일을 하고 싶다'는 이유로 질주해서 고객들이 원하지 않는 일을 어기차게 해도 아무 의미가 없다. 그것은 혁신이 아니라 단순히 자기만족이다. 비즈니스의 본질을 잃어버렸다고 말할 수 있지 않을까?

이것은 나 자신에 대한 경계이기도 하다.

나도 여러 가지 실패를 겪었다. 그 한 유형이 '두 걸음,

세 걸음 앞선 서비스'를 노렸다가 실패한 사례다. 예를 들면 이런 일이 있었다.

예전에 게임 제작에서 리더를 맡고 있을 무렵이었다. 게임 시장을 철저히 연구한 나는 '앞으로의 게임은 실시간이다'라고 결론을 내렸다. 바다 가까운 곳에서 게임을 하면, 게임 속에서도 바다가 나온다. 비가 내리면, 게임 속에서도 비가 내리기 시작한다.

나는 '그동안 없던 콘셉트다'라고 확신하여 사내 반대를 무릅쓰고 제작했다. 하지만 유저들의 반응은 신통치 않았다. 팀 멤버들도 서서히 피폐해졌다. 나도 '실패'를 인정하지 않을 수 없었다.

이처럼 '미래는 이렇게 된다'는 생각으로 개발한 서비스는 대부분 성공하지 못했다. 머릿속 생각만으로 미래를 너무 앞서 보다가 결국 유저들을 놓치게 된다. 나 혼자 노는 꼴이 되어버린다.

그래서 나는 마음속에 깊이 새겨놓은 말이 있다.

"유저들이 느끼는 눈앞의 니즈에 분명하게 부응하는

일에 집중하자. 그것이 기업의 사회적 책임이고, 비즈니스의 성공 확률을 높이는 방법이다. 오히려 우직하게 그렇게 함으로써 혁신에 도달하게 된다."

  라인의 비즈니스 모델이 여기에 들어맞는다.
  우리는 라인 안에서 이루어지는 커뮤니케이션을 축으로 게임, 스티커, 전자상거래 등의 콘텐츠를 조합한 플랫폼화를 진행하고 있다. 그리고 여러 기업들이 그 플랫폼을 활용함으로써 수익을 올리는 비즈니스 모델을 창출하고 있다.
  그것이 실리콘밸리 사람들에게는 아주 참신하게 비친 모양이다. 처음에 그들은 "그래가지고 잘 될까?" 하고 반신반의했다. 그들에게 인터넷 비즈니스란 궁극적으로 '광고수익'이 전부였기 때문이다.
  물론 라인 메인화면에 배너 광고를 실으면 '팔린다'는 것은 알았다. 하지만 우리는 다른 선택을 했다. 배너 광고는 고객들에게 방해가 되기 때문이다. 라인의 핵심 가치는 '기분 좋은 커뮤니케이션'이었다. 그 가치를 절대 훼손시켜서는 안 된다.

사원들은 지혜를 짜냈다.

가령 스폰서 스티커를 들 수 있다. 기업 고객에게서 대가를 받고, 그 기업의 마스코트 캐릭터를 스티커로 제작한다. 그리고 그 스티커를 라인 유저들에게 무료로 배포해서 친한 사람과 커뮤니케이션을 할 때 기꺼이 사용하게 하려는 의도다. 유저들은 마음에 드는 스티커만 사용하기 때문에 배너 광고처럼 강요하는 느낌이 없고, 그 스티커가 사용됨으로써 기업 고객은 광고 효과를 얻을 수 있다.

이제 스폰서 스티커는 라인 주식회사의 주된 수익 중 하나로까지 성장했다. 이 비즈니스 모델이 세계적인 성공을 거두었을 때, 실리콘밸리 사람들은 말했다. "이건 혁신이야"라고.

하지만 우리는 결코 혁신을 목표로 삼지 않는다. 실리

콘밸리와 반대로 하려는 생각도 아니다. 단지 심플하게 유저들이 원하는 가치를 추구하고 있을 뿐이다. 유저들의 가치를 최대한 추구한 끝에 혁신이 탄생한다고 믿고 있다.

38

'품질×속도'를 최대화한다

만드는 사람의 자기만족을 떨쳐버린다

'품질' × '속도'

이 곱셈의 최대화가 모든 비즈니스를 성공시키는 철칙이다.

아무리 품질이 높아도 속도가 느리면 승리 기회를 놓친다. 그렇다고 속도가 아무리 빨라도 품질이 낮으면 가치가 떨어진다. 두 가지 모두 겸비되었을 때 비즈니스는 강해진다.

하지만 이 두 마리 토끼를 모두 잡기는 어렵다. 품질을 추구하면 시간이 걸리기 마련이다. 속도를 위해서 어느 정도 품질과 타협해야 한다. 그 양측의 균형을 어떻게 잡아야 할까. 여러분도 고민하고 있지 않은가?

최근 이 과제는 한층 중요해지고 있다. 라인 주식회사에서도 마찬가지다. 스마트폰의 등장으로 시장 환경이 극적으로 변했기 때문이다.

과거 컴퓨터가 '주된 싸움터'였던 시대에는 품질을 우선시할 수 있었다. 당시에는 '검색'의 시대였기 때문이다. '좋은 상품'을 만들면 검색에 걸려서 서서히 지지를 확산할 수 있었다. 후발이라도 만회 기회가 있었다. 이른바 마라톤을 달리는 감각이었다.

그런데 스마트폰 시대가 되자 검색 기능을 사용하는 사람들은 아주 적어졌다. 그 때문에 서서히 지지를 넓히는 일은 기대할 수 없게 되었다. 승부는 한순간에 정해진다. 어플 공개와 동시에 어플 스토어 랭킹에서 상위권에 진입하지 못하면 끝이다. 누구의 눈에도 띄지 않은 채 바닷속 쓰레기로 사라진다.

그래서 출발부터 전력질주로 돌진하는 것이 중요하다. 경쟁자에게 뒤지면 만회는 아주 어려워진다. 마라톤에서 50미터 경주로 바뀐 것과 같다. 컴퓨터 시절처럼 품질을 우선시해서 속도를 타협하는 것은 시장에서 용인받지 못하게 되었다.

그렇다면 어떻게 해야 할까?

나는 이런 생각을 했다.

'품질이란 무엇일까?'

나도 예전에는 엔지니어로서 상품 개발에 종사했다. 당연히 품질에 집착했다. 이른바 장인과 같다. 최신 기술을 구사해서 최고의 품질로 만들기 위해서 철저하게 연구했다.

그 결과 진정한 의미에서 품질 높은 상품을 탄생시킬 수 있었냐고 묻는다면 '노(NO)'라고 하지 않을 수 없다. 유저들이 언제나 품질 좋은 상품을 받아들인 것은 아니기 때문이다. 아무리 품질이 좋고 기능이 풍부해도 고객들이 원하는 것과 다르면 품질은 낮은 것이 된다. 결국 그 상품은 개발자의 자기만족에 지나지 않는다. 품질 때문에 괜한 시간을 들이며 속도를 희생시켜서는 안 된다.

중요한 것은 고객들이 무엇을 원하는지 그 본질을 아는 것이다. 그리고 자기만족을 배제하고 그 본질에 부응하는 일에만 집중한다. 그것이 최고의 품질을 최고 속도로 실현하기 위해 가장 중요한 점이다.

실제로 라인이 그렇게 했다.

라인을 기획하고 개발한 멤버들은 최고의 기술과 지견을 지닌 사원들이다. 마음만 먹으면 얼마든지 고기능으로 만들 수 있었다. 하지만 그들은 유저들만 생각했다.

때마침 동일본대지진이 발생한 직후였다. 남녀노소 할 것 없이 친한 사람들과의 커뮤니케이션을 중시하고 싶다고 생각하는 타이밍이었다. 그래서 '간단하고', '사용하기 쉬우며', '빠르고 쾌적한 커뮤니케이션'이 니즈의 본질이라고 생각했고, 그것만을 추구했다. 쓸데없는 기능은 모두 배제해갔다.

그래서 한 달 반이라는 단기간에 어플을 완성시킬 수 있었다. 게다가 품질도 높았다. 그것은 어플의 대박이 증명하고 있다.

상품에서는 품질이 가장 중요하다.

하지만 그 의미를 잘못 이해해서는 안 된다. 품질을 높이기 위해서 가장 중요한 것은 고객들이 무엇을 원하는지, 그 본질을 정확하게 파악하는 것이다. 그리고 거기에 집중했을 때, '품질'×'속도'가 최대화된다.

39

'디자인'이 주도한다

고객들이 사용하기 편한지를 최우선으로 한다

상품 개발에는 크게 두 가지 방법이 있다.

하나는 기술적 접근이다. 그 대표 격으로 구글이 있다. 사람들이 원하는지는 모르지만 엔지니어가 '재미있다'고 생각하는 것들을 여하튼 세상에 내놓은 다음 그중 고객들의 마음에 적중한 것을 비즈니스화한다. 우수한 엔지니어 집단이면서 거액의 개발비를 가진 구글이기에 가능한 방법이다.

또 하나는 디자이너가 주도하는 접근이다. 스티브 잡스가 그 전형일 것이다. 사람들이 추구하는 '가치'를 따져서 디자이너의 주도로 구현하는 방법이다. 고객들이 직접 조작하면서 즐거움을 느끼게 되는 '감성'에 초점을 맞추는 수법이라고도 하겠다.

라인 주식회사는 후자의 방법으로 접근한다.

그 이유는 무엇일까? 인터넷 시장이 성숙했기 때문이다. 시장이 성숙화된다는 것은 유저들이 무한하게 커졌다는 의미다. 긱(Geek)이라고 불리는 IT를 잘 아는 일부 사람들이 아니라 IT를 잘 알지 못하는 '보통 사람들'이 유저가 되었다.

그것을 가속시킨 것이 스마트폰의 보급이다. 처음 노트북이 보급되기 시작했을 때, 많은 경제학자들은 컴퓨터를 개인이 한 대씩 갖는 시대가 오리라고 예측했다. 하지만 그런 시대는 오지 않았다. 그런데 스마트폰이 그 예측을 현실로 만들었다. 스마트폰은 24시간, 언제든 인터넷에 접속할 수 있고, 어디든 가지고 다닐 수 있는 이른바 소형 컴퓨터다. 그 간편함으로 인해 컴퓨터를 별로 사용하지 않던 여고생, 주부, 고령자까지 각기 스마트폰을 한 대씩 갖는 시대가 되었다. 그래서 디자이너가 상품 개발을 주도함으로써 '보통 사람들'도 손쉽고 즐겁게 사용할 수 있는 상품을 완성하지 않으면 시장에서 받아들여지지 않게 되었다.

실제로 구글의 서비스는 긱들 사이에서 먼저 유행한 뒤, 대중에게 보급된 사례가 많이 있다. 하지만 라인은 공개와 동시에 젊은 여성들을 중심으로 단숨에 확산되었다. 그러한 현상은 분명히 앞으로 한층 더 증가할 것이다.

그래서 라인 주식회사에서는 디자이너가 서비스 개발을 주도하는 사례가 많이 있다.

물론 우수한 엔지니어의 존재는 아주 중요하다. 하지만 엔지니어가 리더십을 보이면 기능이 너무 많아지기 십상이다. 그들은 최신 기술이나 자신의 특기 기술을 상품에 포함시키려고 한다. 엔지니어는 컴퓨터 활용 능력이 높기 때문에 그들에게는 당연한 일이라도 '보통 사람들'에게는 난해해진다. 즉, 유저들의 니즈에서 멀어지는 일이 있다.

그래서 디자이너의 존재가 중요해진다. 디자이너라고 하면 깔끔한 배치를 연구하는 사람이라는 이미지가 떠오른다. 하지만 완전한 오해다. 오히려 자신의 취향에 맞는 '외관'을 고집하는 사람은 나쁜 디자이너다. 정말 우수한 디자이너는 자신의 취향은 일절 배제하고 '고객들이 사용하기 편한가'를 철저하게 추구한다.

바꾸어 말하면 그들은 기능 제거를 잘한다. 우선 기능을 최소한으로 추린다. '이게 없으면 제품이 성립되지 않는다'가 될 때까지 철저히 쥐어짠다. 유저들에게 제공해야 하는 '가치'의 본질을 명확하게 하는 작업이다. 그리고 유저 테스트를 반복하면서 더 편하게 사용할 수 있도록 기능을 추가해간다.

내 생각에 일본 제조업이 활기를 잃은 이유 중 하나는 기술 편중에 빠져 있기 때문이다. 기술 중심으로 생각하기 때문에 기능을 제거할 수 없다. 그 결과 고객들이 원하지 않는 것을 창출한다.

일본도 처음에는 제거하는 일을 잘 했을 터다.

단카와 하이쿠(둘 다 글자 수가 제한된 일본 고유의 짧은 시), 수묵화……. 모두 불순물을 철저하게 제거함으로써 본질을 심플하게 표현하는 것이고 이것이 일본의 미의식이었다. 기술 주도에서 디자인 주도로 전환함으로써 예로부터 간직해온 미의식을 되찾으면 일본 경제는 다시 기운을 차릴 것이다.

고객은
'답'을 알려주지 않는다

고객의 목소리를 파고들어서 자신의 머리로 생각한다

고객이 원하는 것을 제공한다.

바로 비즈니스의 철칙이다. 고객들의 목소리를 상품 개발에 반영하는 것은 아주 중요하다. 시장 조사와 상품에 대한 고객들의 의견은 물론, 고객들의 클레임도 기업에는 아주 중요한 자산이다.

이때 함정이 있다. 고객들은 자신들이 정말 무엇이 필요한지 반드시 알고 있는 것은 아니다.

그래서 고객들의 목소리에 지나치게 귀를 기울이다 보면 고객들이 원하는 것에서 멀어지는 일도 있다.

일본의 제조업은 고객들의 목소리에 진지하게 마주

했다.

그 목소리에 부응하기 위해서 기능을 덧붙이기도 하고, 상품을 늘리기도 하고, 오류를 바로잡는 등 부단한 노력을 해왔다. 이른바 길고 긴 고갯길을 성실하게 꾸준히 올라갔다. 그리고 세상에서 가장 우수한 고품질의 상품을 탄생시켜왔다.

하지만 고객들은 '지금 있는 것'에 대한 요구사항이나 불만을 알려줄 뿐이다. 즉, 고객들의 목소리에 대응함으로써 '지금 있는 것'을 더 향상시킬 수는 있어도, '지금 있는 것'에서 크게 도약하는 혁신적인 발상을 창출할 수는 없다.

그렇다면 애플은 어떻게 혁신을 일으켰을까?

당연히 그들도 아이팟이나 아이폰을 개발할 때 시장조사를 했을 것이다. 하지만 그 조사에 지나치게 얽매이지 않고, 스티브 잡스가 '원한다'고 생각하는 것을 일절 타협 없이 완성했다. 그 결과 '그동안 없던 것'이 탄생했고 그것을 손에 넣은 고객들은 '이것이 바로 내가 원하던 것이다'라고 깨달았다. 바로 그것이 혁신이다.

스티브 잡스는 천재다. 평범한 사람이 '자신이 갖고 싶은 것'을 추구해도 스티브 잡스 같은 결과를 내지는 못한다. 그러면 어떻게 해야 할까? 고객들의 목소리를 피상적으로 듣지 말고 더 깊이 생각해야 한다.

예를 들어 게임을 그만둔 유저에게 그 이유를 물은 적이 있다. 그러자 "싫증나서"라고 대답한 사람들이 아주 많았다. 우리는 '왜 싫증이 날까?' 하고 생각했다.

그리고 유저들에게 계속 물었다. 그러다가 조금씩 알게 되었다. 대답은 '싫증나서'라고 했지만, 실은 게임에 졌을 때 그만두는 사람들이 많았다. 혹은 돈으로 아이템을 구매한 사람과 싸워서 기분을 잡쳤다는 사람도 있었다.

그러면 그런 기분이 들지 않는 게임이란 어떤 게임일까? 고객들의 목소리를 더 깊이 생각함으로써 고객들이 정말 원하는 것이 조금씩 보이게 된다. 그렇게 새로운 게임 아이디어가 탄생했다.

라인의 기획개발 팀도 스마트폰 유저들을 대상으로 면밀한 시장 조사를 실시했다. 그리고 '무료전화 기능', '사진 공유 기능' 등을 원하는 목소리가 있다는 사실을 파악했다. 하지만 굳이 그 기능들을 포함시키지 않고 심플한 메시지 기능만으로 서비스 제공을 개시했다.

무엇 때문일까? 당시는 스마트폰이 막 보급되기 시작한 타이밍이었기 때문이다. 기능을 많이 집어넣으면 스마트폰에 익숙하지 않은 유저들이 사용하는 데 어려움을 겪는다. 기획개발 팀은 핵심이 되는 가치는 저장된 전화번호로 연결된 실제 관계 속에서 가장 심플하고 가장 빠르게 메시지를 교환할 수 있는 것이라고 정의했다. 그 가치를 잘 다듬은 결과 전 세계 사람들이 '바로 이걸 원했다'라고 생각하는 서비스를 창출하는 데 성공했다.

고객들은 '진짜 답'을 알려주지 않는다.

고객들의 목소리를 피상적으로 들으면 '길'을 잘못 들

어선다. 중요한 것은 고객들의 목소리를 깊이 파고들어서 '그들이 진짜 원하는 것은 무엇인가?'를 자신이 직접 고민해서 생각해내는 것이다. 그것이 혁신을 일으키는 방법이다.

마치며

"저는 어릴 때 뭘 하면 제일 재미있어 했어요?"

20대 중반을 갓 지났을 무렵, 어머니에게 질문을 한 적이 있다.

당시 나는 니혼텔레비전의 컴퓨터 시스템 부문에서 일하면서 하고 싶지 않은 일을 계속하고 있다는 사실에 우울해하고 있었다. 게다가 나 자신이 뭘 하고 싶은지 분명히 알지 못했다. 그래서 마음이 더 괴로웠다.

그때 세상 상식 등의 '전제조건'이 없는, 새하얗던 나 자신을 알면 뭔가 해답을 얻을 수 있을지도 모른다는 생각에 어머니에게 여쭤보았다. 돌아온 대답은 '곤충채집'이었다. 나는 그 말을 듣자 당시의 일이 또렷하게 기억났다.

나는 도쿄 외곽에서 자랐다. 동네는 아직 개발되기 전이라 주변이 자연에 둘러싸여 있었다. 여름이 되면 온종일 곤충채집을 하면서 뛰어다녔다. 장수풍뎅이, 사슴벌레 등의 먹이 장소를 찾는 것을 좋아했고, 곤충을 잡으면 곧장 다시 놔주었다. 새로운 먹이 장소를 찾아서 새로운 곤충을 잡는 것을 좋아했던 것이다. 추억이 떠오르자 당시 설레던 마음도 되살아났다.

생각해보면 나는 '새로운 것'을 좋아했다. 대학 시절에 재즈를 했지만, 재즈는 원래 새로운 것을 흡수하면서 발전한 음악이다. 마일스 데이비스(Miles Davis, 미국의 재즈 트럼펫 연주가)로 상징되는데, 그는 록이나 펑크 등의 새로운 음악을 도입하며 혁신적으로 재즈를 발전시킨 인물이다. 나는 그런 그의 삶을 크게 동경했다. 그리고 '새로운 음악을 만들고 싶다'고 나름대로 연구했다. 그것이 즐거웠다.

지난날을 떠올리면서 하나의 결론에 도달했다.

'나는 새로운 일이 하고 싶다.'

그 이후 나는 줄곧 '새로운 일'을 추구했다.

대기업 안에서 알력을 두려워하지 않고 신규사업에 도전했고, 필요하면 '돈'이나 '지위'를 버리고 이직했다. 그런 삶에는 나름 위험이 동반된다. 하지만 나답게 살기를 포기하는 일에 비하면 사소한 문제다. 나답게 살지 않으면 죽을 때 반드시 후회하기 때문이다.

나는 하고 싶은 일을 하며 살기로 결심했다.

인생은 결국 무엇이든 간에 '하느냐, 마느냐'가 전부다. 반드시 뭔가 정하지 않으면 앞으로 나아갈 수 없다. 그 선택이 옳은지는 잘 모르지만, 고민만 하고 행동으로 옮기지 않으면 의미가 없다. 나름대로 심플한 답을 내서 여하튼 온힘을 다해보는 수밖에 없다.

물론 실패도 한다.

그때는 실패 원인을 밝혀내서 다음 도전에 활용한다. 포기하지 않고, 계속 반복하다 보면 반드시 성공에 다가갈 수 있다. 그렇게 울고 웃으면서 한 걸음씩 전진한다. 산다는 것은 그런 것이다.

사람들을 행복하게 한다.

비즈니스를 성공시키고 살아가는 데 가장 중요한 것이다.

이 세상은 원하는 사람과 제공하는 사람의 생태계다. 사람들이 원하는 것을 제공할 수 있는 사람이 살아남는다. 회사도 마찬가지다. 사람들이 원하는 상품을 완성시켰을 때 대박 상품이 탄생한다. 그 결과 회사는 번영하고 일하는 사람들도 행복해진다. 사람들을 행복하게 하는 일이야말로 자신이 행복해지는 유일한 방법이다. 그것은 어느 시대든 간에 인간이 인간인 한, 변하지 않는 유일한 방법이다.

역설적이지만 하고 싶은 일을 해서 나답게 살아가려면 자기본위여서는 안 된다. 항상 '사람들은 무엇을 추구할까?', '사람들은 무엇에 곤란해하고 있을까?'를 생각하고, 시행착오를 반복하면서 다른 사람들의 마음을 아는 사람이 되어야 한다.

그러려면 자신의 감성으로 살아가는 것이 절대조건이다. 회사나 상사가 시키는 대로 행동하거나 매뉴얼대로 혹은 기계적으로 일하면 사람들의 마음에서 점점 멀어지기 때문이다.

우리는 모두 똑같은 사람이기 때문에 우리가 마음 깊이 느끼는 감정은 반드시 다른 사람들에게도 통한다. 그 자신의 마음을 소중히 여기는 일이 다른 사람들의 마음을 이해하기 위한 첫걸음이다. 결코 사회나 회사 시스템에 적응하기 위해서 자신의 감성을 억누르거나 그런 삶을 살아서는 안 된다. 오로지 사람들을 행복하게 하기 위해서 계속 진지하게 노력하기 바란다.

동시에 회사는 관리하겠다는 생각으로 사원들을 물건처럼 다루어서는 안 된다. 회사의 톱니바퀴가 되기 위해서 자신을 억누르게 된 사람은 진정한 의미에서 다른 사람들을 기쁘게 할 수 없다. 관리보다는 높은 기술과 열정을 지닌 사원들이 맘껏 능력을 발휘할 수 있는 환경을 정비하고, 그들에게 철저히 권한이양을 한다. 그것이 회사를 성장시키는 유일한 방법이다.

이러한 것들은 모두 라인 주식회사 사원들 덕에 깨닫게 되었다.

단지 나는 그들에게 맞춰 회사에 변화를 시도했을 뿐이다. 그리고 그들의 능력을 최대한으로 발휘한 결과, 라인이라는 획기적인 서비스가 탄생했다. 그들에게 감사할 따름이다.

물론 우리의 서비스를 사랑하는 유저들에게 감사의 말을 잊어서는 안 된다. 때로는 혹독한 말도 들었지만 모두 회사를 위한 진심어린 마음으로 한 말이었다. 모든 일들이 잊지 못할 추억으로 가슴 깊이 남아 있다.

2015년 3월 31일.

이제는 다음 무대로 옮길 타이밍이라고 생각하고 나는 라인 주식회사 사장을 퇴임했다. 미처 다하지 못한 일이 있다는 생각은 전혀 없다. 사업도 성장궤도에 오른 상태였기에 안심하고 바통터치가 가능한 타이밍이었다. 그것은 사장을 맡은 사람으로서 정말 행복한 일이다. 더구나 새로운 경영진은 나보다 우수한 사람으로, 처음부터 라인 사업을 이끈 사람들이기 때문에 아무런 걱정도 없다. 분명히 지금 이상으로 회사를 성장시켜줄 것이 틀림없다.

나는 앞으로도 '새로운 일'을 추구할 것이다.

4월에 인터넷상에서 영상미디어를 운영하는 C채널(C Channel) 주식회사를 설립했다. 여성 모델이나 탤런트가 패션이나 음식, 여행 정보를 소개하는 콘텐츠를 만들고 있다. 이것을 출발점으로 시간을 들여 새로운 미디어를 완성할 계획이다.

솔직히 영상 미디어 비즈니스는 성공한다는 것 자체가 아주 어려운 분야다. 하지만 그렇기 때문에 내가 할 일이다. 자금 면에서 여유가 없는 젊은 사람들은 손대기 어려운 비즈니스이기 때문이다. 그런 비즈니스야말로 연장자가 위험을 감수하고 도전해야 한다.

더구나 현대인의 과제는 저출산 고령화에 수반되는 쇠퇴다. 거기서 요구되는 것은 새로운 산업의 창출이다. 새로운 미디어를 성공시킬 수 있으면, 커다란 가능성을 낳는 것이다. 과거 우리의 미디어가 해외에서 성공한 사례는 없기 때문에 10년을 두고 타임 워너(Time Warner, 미국의 종합 미디어 기업)와 같은 글로벌 미디어로 성장시키고 싶다는 의욕을 가지고 있다.

그리고 지난 경험에서 나 나름대로 기른 지견을 살려서 창업자나 창업기업의 지원, 육성사업에도 적극적으로 참여할 계획이다. 의욕 있는 젊은이가 더 많이 활약할 수 있게 후원하고 싶다. 그것이 사회를 활성화시키는 최고의 방법이기 때문이다.

물론 모두 쉬운 일이 아니다. 벽에 부딪치는 경우도 있을 것이다. 하지만 이전처럼 울고 웃으면서 한 걸음씩 전진하고 싶다. 자신을 더 성장시킴과 동시에 세상에 조금이라도 공헌할 수 있게 최선을 다할 생각이다.

다시 0에서 출발하기 때문에 불안감도 있다.

하지만 미래에는 무한한 가능성이 있다.

그 가능성에 나 자신을 걸고 싶다.

'하고 싶은 일을 추구한다.'

'사람들을 기쁘게 하기 위해서 노력한다.'

이 심플한 원칙을 앞으로도 철저하게 지키며 살아가고 싶다.

그리고 이 책을 읽은 여러분과 함께 밝은 미래를 개척할 수 있으면 그보다 더 큰 기쁨은 없을 것이다.

옮긴이 **김윤수**

동덕여자대학교 일어일문학과, 이화여자대학교 통역번역대학원을 졸업하였다. 옮긴 책으로는 『나는 더 이상 착하게만 살지 않기로 했다』, 『부자의 그릇』, 『왜 그런지 돈을 끌어당기는 여자의 39가지 습관』, 『왜 나는 영업부터 배웠는가』, 『영업의 가시화』, 『얼굴도 예쁜 그녀가 전략의 신이라면』, 『Mr. 샐러리맨 공부 필살기』 등이 있다.

심플을 생각한다

초판 1쇄 발행 2015년 11월 18일
초판 6쇄 발행 2021년 11월 10일

지은이 모리카와 아키라
옮긴이 김윤수
펴낸이 김선식

경영총괄 김은영
콘텐츠사업1팀장 임보윤 **콘텐츠사업1팀** 윤유정, 한다혜, 성기병, 문주연
마케팅본부장 이주화 **마케팅2팀** 권장규, 이고은, 김지우
미디어홍보본부장 정명찬
홍보팀 안지혜, 김재선, 이소영, 김은지, 박재연, 오수미, 이예주
뉴미디어팀 허지호, 임유나, 배한진 **리드카펫팀** 김선욱, 염아라, 김혜원, 이수인, 석찬미, 백지은
저작권팀 한승빈, 김재원 **편집관리팀** 조세현, 백설희
경영관리본부 하미선, 박상민, 김민아, 윤이경, 이소희, 이우철, 김재경, 최완규, 이지우, 김혜진

펴낸곳 다산북스 **출판등록** 2005년 12월 23일 제313-2005-00277호
주소 경기도 파주시 회동길 490
전화 02-702-1724 **팩스** 02-703-2219 **이메일** dasanbooks@dasanbooks.com
홈페이지 www.dasan.group **블로그** blog.naver.com/dasan_books
종이 (주)한솔피앤에스 **출력·인쇄** (주)북토리

ISBN 979-11-306-0648-4 (13320)

· 책값은 뒤표지에 있습니다.
· 파본은 구입하신 서점에서 교환해드립니다.
· 이 책은 저작권법에 의하여 보호를 받는 저작물이므로 무단 전재와 복제를 금합니다.

> 다산북스(DASANBOOKS)는 독자 여러분의 책에 관한 아이디어와 원고 투고를 기쁜 마음으로 기다리고 있습니다.
> 책 출간을 원하는 아이디어가 있으신 분은 다산북스 홈페이지 '투고원고'란으로 간단한 개요와 취지, 연락처 등을 보내주세요.
> 머뭇거리지 말고 문을 두드리세요.